柴田靖子

ビバ！インクルージョン

私が療育・特別支援教育の伝道師にならなかったワケ

現代書館

はじめに～「彼ら」と「私たち」

「六歳の春」という言葉を知っていますか?

これは、小学校入学（就学）の春のこと。障害のある子どもの保護者は、特別の気持ちを込めてこう呼んでいます。わが子が「皆」と別の世界でふさわしいとされた生活を命じられる春が来てしまった。

「六歳の春」。命令に「なぜ?」と異議を唱え抗う人も、黙して従う人も、こんな重い気持ちを込めて、この言葉を用います。

私の子どもたち——現在一九歳になった長女ハルと一四歳の長男トッキーを授かるまで、私（一九六四年生まれ）はまったくそれを知りませんでした。

「特別な学校や学級」に通う子どもがいることは知っていましたが、その子たちとその子たちの親は皆「望んで」、「願い出て」そこにいるのだと信じて疑ったことはありませんでした。

ハルとトッキーについて少し説明します。二人は健康そのもの。私も夫・ヤマシタも車嫌いで運転免許はもちろん自家用車も持っていないにもかかわらず、いつも車いすに乗って公共交通を使ってどこにでも遊びに行く、ごく普通のティーンエイジャーです。

加えて、自力で立てず移動できず、手指も不自由、視力が弱い、まったく口が利けない……等々の症状を指し、また必要な介助などのサービスや各種助成を受ける際には「障害がある人・子（障害者・児）」というカテゴリーに属します。とりわけ「生活シーンのすべてにおいて介助が必要なほどの重い障害がある」と医師に診断されたことから、「重度重複障害者・児」と呼ばれます（少し昔までは「重度重症者・児」と呼ばれていたようです）。

二人とも生まれつき水頭症という症状をもち、「障害像」もとてもよく似ています。にもかかわらずハルとトッキーはまったく違う道を歩んできました。


私は、神奈川県横須賀の住宅地でごく普通の家庭に育ち、東京の学校に進学し、就職し、所帯をもち、以来、東京二三区の人がひしめき合って生きるところに住まうものですが、偶然二人の子どもに恵まれるまで、「障害のある人」をただの一人も知りませんでした。もちろん「障害者」と呼ばれる人たち・子どもたちの存在は知りえたし、漠然としたイメージもありました。「私たちとは違い何かが欠けている不幸な人たち」「私たちとは違う環境でないと生きていけない人たち」といったものだったと思います。それは、日々断片的な情報を少しずつ自分の中に蓄え築いていった「障害者像」だったのでしょう。何しろ姿も見えず声も聞こえてこないほとんど「架空の」存在で、自分の描いているものを揺るがされたり正されたりする機会さえない。その「像」に対する誤解はどんどんふくらんで、恐怖そのものになっていきました。次第に町で出くわしても目を背けそっとその場を離れ、自覚的に出会う機会から逃げていたのだと思います。

中学生の頃、よく「川崎の朝鮮学校（蔑称で「チョンコウ」と皆呼んでいた）」の生徒について故意に流された悪いウワサについて、皆半信半疑ながらも眉をひそめながら「怖いねー」と嘲笑交じりに言い合ったものですが、それによく似ています。今では、そのことをとても恥じていますが、同時にそのときの自分の「悪意のなさ」も明確に思い出すことができます。悪びれず、甘んじて「あの環境では無理もなかった」とさえ思います。

決して交わらず別々に生かされること。

ある条件の人を「特別に用意された場所」に隔離（または巧みに誘導）し、同じ場所、同じ時間——すなわち「同時代」を一緒に生きているように見せかけながら、実は生涯、互いに絶対に交わることのないパラレルワールドを生きることを強いられている……そういう状況をきちんと直視し、その非を認識した上で打破しない限り、この世界は「差別」の温床となり続けるに決まっています。言い換えれば「全員参加で今生きている時代を共有する」ことの実現を勇気と根気と情熱をもって追求しさえすれば、諭されずとも学ばずとも、「差別」という概念のほうが消滅するのではないでしょうか。あまねく人がすべての他者に対して、私たちと表現できるような環境を実現するのです。「彼ら」「私たちと彼ら」という表現を許している限りダメなのです。

今この国を生きていると、毎日、毎時間のように、「世も末か」と思うニュースを耳にし、絶望しそうになります。しかし外に出て深呼吸し、道ばたの草の愛らしさに目を留め、ふと同じもののために立ち止まった、見知らぬ人の存在に気づき、微笑み合い、ひとことふたこと言葉を交わすことで、気持ちを持ち直すことができます。

そして私にとって、この世界にまだ希望がもてると断言できる何よりの根拠は、明日が来ることについて少しも疑わずにしなやかに生き、共に「十人十色」をたやすく謳歌している子どもたち、そして若者とそれを愛する人々の、リアルで確かな存在です。

「共に生きる」という言葉を軽々しくあっさりと使う人（往々にしてこういう人は「共に生きていない」とみなした人を責めさえする）を見ると、「そんなに生やさしい問題じゃない！」とつい目を吊り上げてしまいますが、一方で「共生（インクルージョン）」は、人類の宿命であり、当然の成り行きだと信じています。

人類はついに「人権」という概念を発明し、先の世紀、万人のための普遍的思想として共有する努力をはじめたではありませんか。

私の「子育て」は、まさしくこの気づきの連続でした。このストーリーは、私が「子にとっては、私は常に母という存在にしかなりえない」と初めて気づき、それでよいと心に決めた、長女・ハルの「六歳の春」から義務教育を終えるまでの十年間を、ほぼ時間軸にそって振り返ったものです。

もしこのストーリーに何かを感じ、私のように「どうしても共に生きたくなった！」と願い、行動せずにはおられない人が一人でも増えれば、もうこの世に、未練やら心配やら期待やら……何一つ思い残すことはないほど幸せです。

平成二十七（二〇一五）年十二月二十六日

柴田靖子

目次

＊おことわり

学校名や人名など一部の固有名詞は実際のものと異なります。

本書は専門書ではなく、本来脚注が不要な類いの気楽にお読みいただけるエッセイですが、一般にはなじみのない用語や参考資料のＵＲＬが頻繁に出てくるため、ＱＲコードで「脚注＋つぶやき」を用意することになりました。

ＱＲコードリーダーをお持ちでないパソコン環境の方は、左記のＵＲＬにすべて掲載してありますのでそちらでご覧になれます。http://vivainclusionqr.blogspot.jp

また、データ印字をご希望の方は、本の頁右下の「ＱＲコード請求券」を出版社にお送りくださいませ。出版社より印字したものをお送りいたします。

『ビバ！インクルージョン』
QRコード請求券

第一章　子育てと介助・介護を仕分けする～母親元年

――平成十五（二〇〇三）年

それから私の子育ての日々が始まった。介助者に指示を出し、オムツを換え、離乳食を作り、着替えをさせた。たとえ手足が動かなくても、心で育てることはできる、と思った。

（佐藤きみよ氏、二〇〇五年）

一　シャバに助けを求める

ハル、六歳の春

そりゃあ、ハルの就学先は、重い障害のある子のための学校か学級に決まっている。

ハル「六歳の春」前年の平成十四（二〇〇二）年。私と夫・ヤマシタの意見も、そして教育委員会の判定も全く同じものでした。そもそも、それまでの四年間はずっと療育センター[1]（＝同じような障害のある子だけが親子で通う医療と保育の場）と家とを往復する生活。既に「皆」とは別の、特別に用意された環境で過ごしてきていたわけですから、今さら「分けられてしまう」でもありませんでした。しかし、そんな私でも「分けなさい」と言われることに、心のどこかで切なさを感じていました。

その頃のハルは、前年の暮れに生まれた弟・トッキーの存在にいらだち、始終泣きわめき大暴れするようになっていました。そのさまを見ては、こんなに大暴れする子は、やはりそういう学校・学級に行かなければ、健常児（＝障害児の対語。障害がない子のこと）に迷惑がかかってしま

1

うよね、とも思いました。そういう目でハルを見るとき、いつも「こじか物語」という童話が私の心を占めました。私にとってハルの「六歳の春」は、可愛がっていたが暴れて手がつけられなくなった子鹿を山の奥に連れて行って手を下す決意を迫られる、タイムリミットのような意味をもっていました。

「狂母三遷」

療育センターでは、年長組になると皆「就学先」さがしにかかります。とはいっても、大して疑問もなく、または「仕方ないこと」として、唯一「用意されているコース」——つまり、自分の住んでいる地域を学区としている、障害種別に用意されている養護学校（現・特別支援学校）に行くのが最良である、という勧めにすんなり従う家族がほとんどです。当時の私たちも例外ではありませんでした。

ただし、当時住んでいたO区の隣のM区立小学校に「肢体不自由児のための」心障学級（現・特別支援学級）があり、都立の明光養護学校（現・特別支援学校）か、その「たけのこ学級」か、という選択肢が、ハルにはかろうじてありました。

養護学校を見学に行ったときの、教師のせわしなさと、どこか生徒がモノ扱いされているような冷たい雰囲気がいやで、一方のたけのこ学級の、療育センターと変わらないような優しい物腰の教職員たちと、別棟とはいえ小学校の校舎がある敷地の「小学校らしさ」に惹かれて、私とヤマシタはたけのこ学級を選びました。入学の条件はM区民であること。そこで、O区からたけのこ学級のあるM区に引っ越すことになりました。そもそもこのO区には、療育センター通園のためにS区から四年前に越して来たのです。その時も、そしてこの引っ越しのときもですが、今思い返すと、そのためらいのなさに自分のことながら驚きます。何かに取り憑かれていた、としか説明がつきません。

「ハルのために」となかなか住まいが落ち着かないわれわれを見て「孟母三遷（わが子の学問のために三回も転居した孟子のお母さんの逸話）だな」と慰め半分、父が声をかけてくれましたが、むしろ「狂母三遷」と言うべきでしょう。

弟・トッキー、無認可保育園に放り込まれる

トッキーが生まれたのは引っ越しの半年くらい前、平成十三年の暮れでした。ちょうどニューヨークで同時多発テロ事件があった九月ころ、在胎三十週のエコー検査で「この子も水頭症」と診断されました。お腹にいるうちにNICUのある、小児で経験を積んだ脳外科医のいる病院に母子ごと転院したトッキーは、あわてふためいたハルの出生のときとは真逆で、可能な限り十分な備えをして余裕しゃくしゃくで生まれてきました。迎える母親である私の心持ちとしても（診断されたときは「うへえっ、また？　面倒くさいなあ……」というのが正直なところでしたが）、「私にはハルとの五年間がある。水頭症の赤ん坊にこれから待ち受けていることも、注意すべきことも相談に行くべき場所も知っている。友人も支援者もまわりにたくさんいる。同じように障害があるなら、そういう子の発達をうながす療育センターも知っている」と、案外自信たっぷり

でした。

しかし退院して家に来てみたら、もう、どうしようもない。一つの体で二人の「面倒」を同時にみることはできないということに（今さらながら）気づき、「ぎゃーっ！　ぎゃー！」とふたりの激しい呼び声、泣き声のはざまで「うまく家庭をまわしていく」自信をすっかり失い、育児ノイローゼの形相でがっくり膝をつき、畳を見つめながら、こう考えるようになりました。

ふたりとも「療育」なんて無理。トッキーはもう「発達」しなくてもいいや。仕事を辞めて毎日真面目に療育センターに母子で通って、言われたとおりにしてきたハルだって、大して「発達」してないじゃん。トッキーもそうかも知れないよ。それに、トッキーは赤ん坊なんだから、「健常な」子だって、まだそんなに「発達」してるわけじゃないし、そんなに変わらないんじゃないかな。「シャバ（多くの人たちが暮らすメインストリームの世界を、いつからか私とヤマシタはこう呼ぶようになった）」で人の手を借りて「もうこれ以上は、お引き受けできません」と断られるまででもいい、とにかく今を乗り切ろう。

隣のM区への引っ越しを機に、かくしてトッキーを生後七カ月にして区内最安値の無認可保育園に放り込みました。自宅からは徒歩二〇分ほど。最安値だけあって、見るからにワイルドな環境です。初日はほんの二、三時間でしたが「捨て子をするような」重い気分で置いてきました。しかし、迎えに行ってみるとケロッとしている。トッキーだけじゃない。保育士さんはじめ周りの大人もケロッ。驚きでした。

「水頭症という病気をご存知ですか？」「お姉ちゃんも同じ障害が、……だから多分この子も歩けないと予想されます」。「磁気の影響を受ける医療機器が入っているので磁石のついた玩具で遊ばせないで下さい」……

入園申し込みのときも、初日預けるときも、……などなど必要だと思われることを、まくしたてるように説明しながら「こんなこと言ったらドン引きするかな」、「断られそうになったら、こういう言い回しに変えてみよう」なんてビクビク構えていたのはこちらだけ。表情も変えずに聞いてくれて、あとは他の赤ん坊と全く変わらず、「ゼロ歳児クラスのトキちゃん」として、拍子抜けしてしまうくらいすんなり受け入れてくれました。

さらにほんの数日後「お迎え」に行った私は、きょろきょろとわが子の姿をさがしている自分に気づき、驚いていました。「フツー」のゼロ歳児の部屋の中で「フツーでないはず」のトッキーの存在が既に他の赤ん坊に「まぎれて」いるのです。まあもともと近眼だし、いま思うと思い込みのようなものだったのかも知れませんが、このできごとをきっかけに私はこう思うようになりました。

そうか。今のままでも、みんなと同じ、同じ人間の赤ん坊なわけで。これもアリ……なのか。

ハルを含め、自分のうちの子どもについて「フツー」だと感じたのは、この時が初めてです。だからどうってことにはならないし、「（養育放棄ならぬ）療育放棄」は当時の私にとってはあるまじきことだったので、その時は、「これでいいのだ、と考えたほうが後ろめたくないからそう思いたいのだろうね、私は」という冷めた視線も心の中にありました。

ともあれ、これが私たち家族にとって、「医療」「療育（障害児保育）」という特別に設定された場所からの初めてのエスケープとなりました。「シャバで一般の社会資源を利用する」という方法で助けを求めたのは、これが初めてだったのです。

ハル、肢体不自由児のため心障学級（現・特別支援学級）に入学する

平成十五（二〇〇三）年四月。ハルはM区立菜花小学校のたけのこ学級に入学。トッキーは家から徒歩一分のM区立大岳保育園に入園しました。

M区の小学校では一年生の期間だけ黄色い帽子をかぶります。入学式に出てその帽子をもらったとき、ただそれだけのことなのに、何となくハルが広い世界に一歩踏み出せたような気がして「ああ、やはり養護学校ではなく、こちらを選んでよかったな」とホッとしました。夢心地で黄色い帽子をかぶったハルの写真を何枚も、何枚も撮りました。しかし……。

その年たけのこ学級に入学したのは、ハルと同じ療育センターに共に通った男の子一人だけ。

入学式の後「やっぱり小学校の中の学級にしてよかったね。入学したって実感したよね」などと、そのお母さんとしゃべりながら別棟のたけのこ学級の教室に入ってすぐ、教科書が用意されていないことに気づきました。「これを教科書として使います」といって見せられたのは、療育センターで過ごした幼児時代と変わらない絵本や「感触を楽しむ」本。しばしそのお母さんと顔を見合わせてから、「皆と同じ教科書はもらえないんですか？　まあ、うちの子に、健常なお子さんが使う教科書では教えられないだろうというのは、分かりますが……」。「たとえ本人たちが使えないとしても、同じ年頃の子どもたちがどんな内容を学んでいるのか、確認する必要は、一保護者としてあると思うんですが」と伝えました。学校側もそこまでは理解してくれて、すぐその年から教科書も支給してくれました。しかし、学校に置きっぱなし、学年末にピカピカの一度も開いたことがない状態でドサリとそれを持ち帰ってきたときは「これを使う気が全くないのだな」と改めて軽く驚きました。

そして、一緒に持ち帰ってくる教材として使用されていた幼児絵本を見てその内容にゲンナリ。それは、例えば幼児に「文字」や「社会のルール」を教え込もうとする絵と言葉の羅列でしかない醜悪な知育絵本であったり、「反応が薄い子には色がはっきりしたものが認知しやすいから良い」といういい加減な定説から用意された、ケバケバしい原色づかいのもの……というようなものばかり。また、機能訓練[2]を行うという部屋にあるのは、相変わらずの電子音のやかましい、ピカピカ光るオモチャや、乳飲み子が使う「おきあがりこぼし」などです。一年生の頃はさほど抵抗はなかったのですが、二年、三年と学年が進むうち（正確には低学年・高学年クラスの二つし

2

かないのだから同じクラスに三年いることになり進級していないわけですが）、猛烈に気になりだしました。

ものが変わるだけで何の変化もない、また変化がないことについて止めたり、ほかの方法を試みるつもりが全くない、とにかく最初に決めたことをひたすら「達成する」までくり返す、それだけなのだ、だとしたら一体いつまで？

また逆に言うなら、何か変化があればそれは、本人の自然な成長とはとらえられず「くり返しあきらめずに取り組んだ成果」にされてしまうし、変化がないことは「本人の障害の重さ」「ホームプログラム（家庭でも機能訓練を行うためにと理学療法士が保護者に指導するプログラム）が足りていない」という言葉で説明され責任転嫁されてしまうのです。

生徒の周りにうじゃうじゃとむらがる教職員の態度も異様なものでした。一年生だろうが三年生だろうが、中学一年生だろうが幼児に接するような態度です。教職員だけではなく、先輩の保護者までもそうなのです。大人同士で話をしていると良識ある知的な方々なのに、わが子や級友に話しかけるときは、猫なで声の幼児言葉で話しかけたり、「～デース、って？」と、その子が全く思っていないであろうことを、その子になりきって語るようなことをしはじめるのです（まだおしゃべりができない赤ん坊やペットにそうすることはよく見かけますよね？　あのような調子です）。ハルが高学年になるころは「これでも学校なのか。まるで幼稚園……いや老人ホーム？　こんなの教育じゃない、デイケアじゃないか」と感じるようになっていきました。

「けんじょうじ」との衝撃の出会い

障害のある子の呼称として「障害児（しょうがいじ）」という言葉があるのはたいがいの方はご存知だと思いますが、その対語である「健常児（けんじょうじ）」という言葉は聞き慣れない方もいると思います。障害のない子、という意味で、少し前までは「健全児」と呼ばれていたようです。

さて、ハルが入学した肢体不自由の子のための心障学級では、入学から一週間ほどは、「慣らし」と「色々な場面での介助や細かい体調管理など生活情報の伝達」のために、親が一緒に付き添う決まりになっていました。この小学校では毎週水曜日の児童集会で心障学級と通常学級の子、つまり全校生徒が体育館で一堂に会します。年度ごとに編成される縦割り班（一年生〜六年生の子で形成される班）で参加する決まりで、心障学級の子ももちろんメンバーとして組み込まれます。

ちょうどこの年は初日が水曜日でした。私は、ハルとハルの車いすを押す先生の前を歩いて体育館に向かいました。一歩そこに足を踏み入れてビックリ。そこでは、おびただしい数の……四百人くらいの子どもたちが、縦横無尽に声をあげて駆け回っていたのです。今でこそ私にとって「ありふれた」その光景ですが、その時は腰が引け、思わず後ずさりました。今まで療育センターでの「集団保育」は、それは、静かな、静かなものでしたし、一緒に連れてこられた兄弟姉妹たちは、皆一様に親に「にらみ」をきかされて、年齢不相応に大人しくしていましたし。そことウチとの往復の生活で近所付き合いもなく、同じ年頃の子を知らなかったし。

ハッと後ろにいるハルのことを思い出し「トッキーの泣き声にもあんなに荒れ狂うハルだもん。きっと、こんな喧噪、とても受け入れられない」と、はらはらした気持ちで振り向くと、なんと、そこにいるハルは、好奇心いっぱいの目をぐりぐり動かし、笑った口から見える歯をキラキラさせて、見るからにワクワクしていたのです。好きなテレビ番組を見ているとき以外に、こんな様子のハルを見たのはこれが初めてでした。

なんだ、みんな、ハルと変わらないじゃん。健常児もまた、ハルと同じ小学生の、人間の子どもなんだ。

「健常児は、皆賢くて、大人しく、おデキになる」と思い込んでいた私は、ここでもまた、シャバの真実を知ったのでした。

体育館の子どもたちの子どもっぷりをほれぼれと思い出し、ホッと肩の力が抜けた帰り道、ふと気づいたというか……ビクッと新たな焦燥感に襲われました。

だとしたら……このままでいいのか？

ハル、学童保育に入所する

スクールバスで帰ってきて、放課後は今までと同じように家でテレビの幼児番組を見るばかりのハル。療育センターの時代と変わらない生活です。スクールバスの送り迎えの途中で、近所の学校に通う子どもとすれちがっても接点がなく、声をかけるのをためらってしまう。おそらくトッキーと保育園で過ごしているお友だちの兄姉もいるのだろうけれど。

近所の人に、ハルのことを知って欲しい。ハルだって近所の知り合い、友だちが必要なんじゃないか。無理だと思い込んでいたけれどできる気がする。一年前トッキーを保育園に入れたときだって無理矢理のような気持ちだったけど、即日オッケー、うまくいったじゃないか。

驚くほどタイミングよく、その四月中頃ポスティングされていた町内会の会報に、家から徒歩十分のところにある大根小学校（学区の小学校）の敷地内にある「トルネード学童保育クラブ」が紹介されていました。学童保育クラブとは、両親とも就労しているなどの理由で、日中見守る人のいない子のための、言うなれば「小学校低学年の子のための放課後の保育所」です。

「これだっ！」……菜花小学校の体育館で一気に自信をつけていた私は、すぐに電話をして、勢いよくハルの障害やら持病の水頭症やら、家族状況やらを一方的に説明し、さらに、母親である私は自営業であり家で仕事をしていたが出産以来ほぼ休止していた、子の入学を機に本格的に仕事に復帰したいので是非受け入れてもらいたいのですが！……などと一気にまくしたてました。

前年、トッキーを無認可保育園に入れようと園長先生を訪ねたとき、さらに区役所で公立保育園入園申し込みをしたときと同じ、条件反射的な超ハイテンションな口調。しかし、電話の相手は、電話に出たときと全く変わらない低い、低いテンションで「しょうがいじ枠[3]、まだ空きがありますから、大丈夫と思いますよ。まず、子育て支援課の人が、学校での様子を見せてもらってからの判断になりますが」と応対しました。その人は指導員のリーダーの方でした。そしてその人の言葉どおり、数日後、子育て支援課の担当者がたった数分、学校に視察に来ただけで申請はあっさり受理され、さっそく五月から通うことになりました。

そこから、その日から、近所に知り合い・友だちが一気に増えました。週末に緑道を歩いていれば、必ず数人の子に声をかけられます。これが私にとっては不思議でなりません。保護者の集まりで、お母さんたちとしゃべっているとき、「下の子」の話題になり「大岳保育園出身？」「うちも」なんて話になったとき、つい驚きの表情で「うちの息子も！　ぐーぜん！」なんていうと「だって（近所だから）フツー、そうだよね……？」なんて逆に不思議な顔をされてしまうこともありました。そういう状況に、全く慣れてなかったのです。よく「地域で暮らす」って言葉を聞いていたけど、こういうことだったのかな、と少し理解できた気がしました。

シャバとの出会い

こうしてハルは、トッキーに後れること約一年、六歳にして初めてシャバを知ることになったのです。

スクールバスの乗降ポイントを、トルネード学童保育クラブのある大根小の校門前に変更してもらってからは、大根小の子どもたちとも朝のあいさつを交わすようになりました。朝乗車のと

3

き、学校から帰ってきて降車したハルを学童保育クラブの校舎まで連れて行って引き渡すとき、そして学童保育クラブから下校するとき、日に三度そこを訪れる日々が始まりました。これらの時間は私にとって、シャバで過ごすハルを目撃する稀少なチャンスとなりましたが、これが衝撃の連続。

一番驚いたのは、「勝手に」成長していくハルの様子でした。それまで、障害のある子は、専門家の言うことを聞いて手を借り、家庭に帰ってからも、その指導されたホームプログラムを欠かさず実践していくことで発達する（そういう働きかけのない限り成長しない）と本気で思い込んでいたのです。そんな私にとっては、「なんで?」と目を丸くすることばかり。

ハルは小学校にあがるまで、何か呪文でもかけられたように、両手の指をお祈りするように組んだまま、決して目の前にあるものに手を伸ばそうとしませんでした。療育センターの心理指導員は、ハルのその様子を「注視（ものに注目して見つめること）ができない」「ものにリーチしない（手を伸ばさない）」という療育業界の慣用句を用いて表現し、ハルが「まず乗り越えなければならない障害」ととらえ、何とかハルが「ものに注視」し、さらに次のステップとして「それに手を伸ばし」、さらにさらに「それを手でつかんで」、ついには、「それを自分のところに引き寄せる」ようにしましょう、と提案しました。彼女がまず「注視する」ためにしたこと。小部屋を真っ暗にし、スポットライトを当てたアルミトレーにビーズやビー玉などキラキラ光るものや、小さな鈴などを置き、ハルの前に掲げます。アルミトレーは載せたものが転がる音がよく響きます。トレーを傾け「ハルちゃ〜ん、きれいだねえ〜」「こっちを見て〜」などと語りかけ続けます。がしゃがしゃ、さらさら音がしてキラキラ光るものが目の前で動き、暗闇の中で名前を連呼される。これが延々三〇分間。しかし、そんなことを手を変え品を変えやっても、ちらりと顔を向けるのが関の山。手を出すことは決してありませんでした。

しかし学童保育クラブに入って間もないある日の迎えの時間、ガラス扉の前で待っていた私は目を疑いました。ちょうど帰り支度が終わって、子どもたちは下校班ごとに整列しているところでした。前に立った指導員の先生が「今日おやつの時間にあったトラブル（だか何か）」について皆を叱っていました。うつむく子、まじめに話を聞く子、早く帰りたそうな子、いろいろだなあ、とその様子を微笑ましくながめてから、何気なく列の一番後ろにいるハルに目をやると、はっきりと前で話して聞かせている指導員の顔を見て、いやもっとはっきり言ってしまおう、目を見てじっと話を聞いているのです。あさっての方向を向いていない。明らかに「話を聞いている」のです。そんなハルを見たのは、初めてでした。

その数日後には、女の子たちの囲いの中にいるハルが、その中で話をしている子の顔を見て微笑んでいるのを見ました。さらに夏休み前には「お気に入りのおもちゃはイ型ブロックで、ハマっている子と始終一緒に熱中して遊んでいます」と聞き、もうびっくり。専門家と言われる人がよってたかって、あんなに奇妙なことを熱心にあれこれ試しても全然進展がなかった「注視する」「手を伸ばす」「手でつかんで引き寄せる」ことを、誰も何も特別な働きかけはせず（いや、むしろそうしたことをするのを一切やめて）ありふれた環境に居合わせただけで、勝手に自然に獲得しているではありませんか。

加えて不思議でならなかったのは、はたから見ると（例えば写真に収めると）、どう見ても「一緒に遊んでいる」ようにしか思えない光景。状況の好転が嬉しすぎておかしくなってしまったのではないかと自分を心配し「実際は、会話に加わっているわけでもないし一緒に遊んでいるわけではなく、居合わせている状況を何となく指導員たちが、うまくつないでくれている感じなのだろうけど」と自分で自分を納得させました。

しばらくは「なぜ？」と狐につままれたような気持ちでいましたが、学童保育クラブで一緒に過ごす子どもたち一人ひとりもまた、のびのびと感情をぶつけながら、泣いて笑って怒って葛藤しながら、驚くほど「勝手に自然に」成長していく姿を目の当たりにするうち、「そうか。子どもは誰かにそうせしめられるのではなく、みんなそうやって自ら自然に育ち合っていくものなのだ」と納得して、やがて驚かなくなっていきました。

この私の驚きに驚く人もたくさん、いるでしょうね。

小規模住宅改修が教えてくれた「自律」というセンス

子どもたちの「行き先」が決まってホッとしたのもつかの間、私はもう一つのことに、すかさず取りかかりました。区役所に置いてある「手引き」の類いを収集して、「ウチに役立つ社会資源、サービスがあるか洗い出して、可能な限り申請してみる」という計画です。障害のある人へのサービスは「障害像」「生活パターンの見通し」がある程度固まる（……ような気がする）ということからでしょうか、けっこう「六歳以上」とか「学童期以降」という条件のものが多いのです。やっとその時が来た、というわけです。

「小規模住宅改修費の助成[4]」もその一つでした。ハルはそのころ、首の支えは今よりもっと不安定で、座る姿勢を支えなしに保つことはできませんでしたから、着替えは常に横になって行う必要がありました。それまでは、風呂のときもトイレのときも、居間で服を脱がせて、風呂場まで抱きかかえて移動していました。風呂の中で体を洗うときに最適な、一八〇度までリクライニングするシャワーチェアーは、既にその数年前の「国際福祉機器展[5]」で見つけ、なおかつ年齢制限なく支給可能な日常生活用品[6]だったので既に入手しており、ハルも以前からストレスなくゆったり入浴タイムを楽しむことができていたのですが、体重は三〇キロ近くなり、居間から風呂やトイレへの移動介助がかなりしんどくなってきていたのです。トイレのドアも動線の邪魔になっていました。

イメージは明確にありました。まず絶対欲しいのが、「ユニバーサル（多目的）シート[7]」。ちょうどこの頃から、急激に、街に店に増え始めたいわゆる「身障者用トイレ」「だれでも（多機能）トイレ」でしたが、空港のトイレに登場したのを筆頭に、ごくたまにこの折りたたみ式ベッドを見かけるようになりました。赤ん坊のころは、ベビーシートという同じような目的のもの（これは当時既にほとんどの大型トイレに設置されていました）で事足りたのですが、この耐荷重量は二歳半まで、となっています。それでも身長が低いうちは、なんとか足を折り曲げて使っていましたが、小学校にあがる前のこの時期、いよいよ長さも足りないとなるとどうしようもありません。これからどうしよう……。

4　5　6　7

そんな話を、先輩お母さんに相談すると、「ブルーシートを常に持参して敷いて床で着替えている」「身障者用トイレ自体まだないところには全然ない。トイレではなくてベンチでさっと替えちゃえばいいでしょ」と、それまで乗り切ってきた方法を教えてくれました。でも、土足でドカドカ歩いている空間、しかも便器を仰ぎ見るようなところにハルがシート一枚で寝転んでいるところを想像すると答えは「絶対にイヤ！」でしたから、そうなると、そこらへんでさっと「替える」ことを選ぶしかありません。家でも同じことでした。

小規模住宅改修とは「風呂場やトイレの段差など日常生活で通常の設備では不自由を感じている場所について、バリアフリー化する」こと、とあります。まずトイレが独立してないほうが、トイレトレーニング（当時はまだ幼児の延長線上でそう呼んでいました）しやすい、それに風呂場のそばにあのユニバーサルシートがあれば、居間からハルを抱きかかえる労力が減る。「でも賃貸だからなあ」と、だめでもともとという気持ちで大家さんに尋ねてみると、ありがたいことに「退去時の現況復帰」を条件にすぐに快諾してくださいました。それからすぐそのユニバーサルシートの販売業者に連絡し、一年生の黄色い帽子をかぶったハルを連れて、バリアフリー改修専門のショールームに出向きました。本当にありがたいことに「介護の社会化[8]」の機運が高まってきた時期でしたから、「高齢の方の介護」の観点からではありますがこのようなショールームも登場していたのです。

相談員の方は、じっくり私と夫・ヤマシタの望みを聴いてくれたあと、その他に様々な提案をしてくれました。「洗面台はお嬢さまが手を洗うときに使いやすくするため、少し低い位置に設

8

置してはいかがでしょう」。「トイレでお嬢さまが体を支えられなくてもお一人で座っていられる補助便座がありますがいかがでしょう」。……正直な気持ち、その時ハルが「洗面台で手を洗う」、「トイレで一人で用を足す」という発想が全く私になかったので、少しとまどいました。また相談員の方が、私やヤマシタの介護負担を軽くしようという視点ではなく、あくまでも、どこまでも、「ハルがストレスなく生活できるように」という一点で提案をしてくれるのも新鮮でした。

環境が人の意識を変える

環境が人の意識を変える、というのは本当です。

私はごく自然に、食事の前や帰宅時は必ず、洗面所に行ってハルの手を洗うようになりました。そして数日たたないうちに、ハルは洗面台のところに来ると蛇口の下にスーッと手を出すようになりました。「手を洗ってもらう」のではなく、手伝ってもらって「自ら手を洗う」ようになったのです。トイレも同様に「連れてこられたから出す」のではなく「帰ったらトイレに行けるからその時用を足そう」という具合。さっきのトイレから二時間たったらトイレ、ではなく「帰ってきたら」「これが終わったら」……そういう自分のタイミングで用を足す機会が増えたのです。これはあくまでそういうタイミングで「使える」トイレに行けるという約束あってのことですが。

服の着脱もしかり。人目のないところでゆっくりと向き合えば、号令をかけずとも、ハルが袖に手をすっと伸ばしてきたり、袖に通すのを介助すれば、その腕をすっと通したり……ほとんどの動作をハル自身が律しているのがよく分かったのです。考えてみれば、人は服を着るとき、

「さあ次は左手を袖のところに持ってきて」なんて考えないし、手を洗うときいちいち「さて水を出すために蛇口をひねろう」なんて思いません。日常生活のほとんどの動作は、こうして無意識にやっている。この無意識な所作こそ「自律」なのです。たとえ介入度が九九％の動作でも、ハルの動作はハルのもの、ハルが律しているのだということを見せつけられました。

自分で自分を律することを奪われたら、果たして人は生きていると言えるだろうか、これは人の尊厳にかかわる大事な、大事なことだぞ。

とすれば、「介助協力[9]」なんておかしな言葉が、福祉業界ではまかり通っていますが、あれは障害のある人の自律を頭から否定するものだと言えます。学校の先生や介助者に「介助協力してくれて」とハルが「ほめられた」ときは、すかさず「何言ってんの。協力しているのはそっちだよ」と、そしてお礼を言われたときは、「やーね、お礼を言うのはハルのほうでしょ」などと、横やりを入れるようにしていますが、なかなか理解してもらえません。

また、行政担当者や学校の先生に「トイレは意思表示がありますか。それとも時間排尿（何時間ごと、と決まった時間にトイレに行く）ですか」という二択の質問をよくされますが、「意思表示（表現）がないこと」と「意思がないこと」という全く別のことが混同されている証拠です。学校の先生には「トイレは意思表示はないけど、時間排尿ではありません。ハルは間違いなく意識はしています。そのことを大切にし、時間で行くのではなく《この授業（この〇〇）が終わっ

9

たら行こう》などと予告し、必ず約束を守って行くようにしてくだされば いいです」。「蛇口の下までしっかり手を伸ばすことができなくても、本人が指示されなくても自然に手を出すのを待ってください」など、折を見て伝えましたが、どうしても理解してもらえませんでした。

日常を支える介助者も、洗面台に行くと腕をとり「さあ左手を洗いますね」、着替えのときは「じゃ次、左手出して！」といちいち号令をかけて指示を出したり、トイレで目の前にしゃがみこみ「シー、シー、おしっこ」と言い続け、出たら「上手！」……という具合にやり続けてしまうことなど、その後も延々と続きました。しかし、あきらめずその都度説明していくうちに分かってくれる人も出てきましたし、分からないけど言われたとおりやってみるうちに、なるほど理解できたという人も増えていきました。

小規模改修が私に気づかせてくれたもう一つの重要なこと。それは「障害があるから仕方ないという言い訳は、軽々しく使うべからず」ということでした。

トイレや風呂の前後の着替えももっぱら脱衣所で行うようになってほどなく、私自身が「居間で平然と着替えさせていたなんて」、「公衆の面前でお尻を丸出しにしていたなんて」と急に恥ずかしくなり、これまでハルに何という恥をかかせてきたんだろう、とそれまでの自分の無神経をうらみました。恥じると同時に「ハルは障害児だから違っていても仕方ない（ノーマルには生きられない）」という特別ルールの間違いに気づき、自分や周りの人たちを参考にしてハルの生活を考えられるようになったことは、私にとって、それは大きな収穫でした。「ノーマルな生活」に自信をつけ「ノーマルさ」にどん欲になるきっかけになったのです。

自律の芽を摘む「あやす」教育

かくして「小規模住宅改修」そのものに「自律」の大切さを教えられ、自然にそれを増やしていくハルの姿を見、また、学童保育でのハルや同じ年頃の子どもたちの「勝手で自然な」成長っぷり、保育園で団子のようになりながら、すくすくと育っていく弟トッキーと級友を見るにつけ、たけのこ学級でのハルの学校生活の「異常さ」が何かと目につくようになりました。何とかハルの「変化（成長ぶり）」や「年齢」を意識して「フツーの子ども」として扱ってもらおうと、私は連絡帳を介して、ハルが好きな本やビデオのこと、学童保育や家庭での様子を伝えようと事細かに報告するようになりました。口の利けないハルと学校の先生のコミュニケーションの助けになるとも思ったのです。

すると今度は新たな問題が起こりました。私が伝えたことが全て「ネタ」にされてしまうのです。「ネタ」にされるとはどういうことかというと、赤ん坊のガラガラやおしゃぶりのようにそれが「あやし」のために用いられてしまうのです。例えば、ハルが何か伝えたいことがあって（あるいは何かむしゃくしゃして）叫び声を上げたり泣き出したりすると、「どうしたの？」と聞くのでも「今は泣くときですか」と諭すのでもなく、唐突にお気に入りのテレビ番組のテーマソングを歌い始めたり、わざわざあらかじめ用意しておいたＣＤを鳴らし、背中をとんとんと叩いたりさすったりしてなぐさめ、あやし、「黙らせる」のです。体罰など恐怖によって「黙らせる」のではなく、笑みを誘って「黙らせる」ので問題が見えにくいのですが、根底で求められているのは自分で自分を律することを禁じられること＝「他律への絶対的服従」であり、自分の体と心、生きるリズムをまるごと他者に支配され委ねることにほかなりません。

やりきれないことに、ハルが生まれてからずっと「療育」にどっぷり浸かってきた当時の私とヤマシタにも、この「あやし」は染みついてしまっていました。乳幼児期は、大なり小なり他の子もそうしたものでしょう。しかしそれを過ぎても、「乳幼児として」外だけでなく家庭でも日々ハルは「あやし」続けられ、自律のセンスを育てる機会を奪われ続けたのです。何と言っても親にとってはそのほうがたやすく楽ですから。そしてハルはその障害の性質上「抗うこともなく御しやすい」から。何という愚かで残酷なことをしてしまったのか。その扱いはハルが一七歳になった今でも日常的にしばしば現れます。「それだけ分かっていて後悔しているなら改めろよ」と思われるでしょう。しかし、自律の芽が出る季節は、この「子ども時代」にしかめぐってこないのです。

狂おしい葛藤こそ「自律」の到達点

小学生たちを見ていると、「葛藤」の連続という様相に感心します。そんなつまらない、ささいな……ということで奇声をあげたり、転げ回ったり、いきなり走り出したり……、まるで「乱心」状態。時に壊れてしまわないか心配になることさえあります。この激しい「葛藤」こそ、自分という存在のイメージを形づくり、他者と共に生きることを可能にする鍵なのだと、私は「トルネード学童保育」の子どもたちから教わりました。これら「葛藤」こそ、最も成熟した「自律」の姿だと言えます。

とても激しい欲求が、それはもう情熱的に心にわき上がる。結果の検証なんかなく直接そのための行動をする。高笑いで得たことを楽しむ。得られないことに地団駄を踏んで悔やしがる。あきらめない。自らそれを忘れたり捨てたり移り変わったりするまで、決してあきらめない。そういう経験を、日々（どころか毎分毎秒）くり返しながら、ぶつかり合いながら、やがて、「今目の前にいるこの子も、自分のように感じたり考えたりしているんだ」と気づきます。そして、自らの内面で「欲しいけど、あきらめる」、「あげたくないけどあげる。あげたいほうの気持ちが勝った」……と、子どもにとっては血のにじむ思いで自ら選びとっていく力を育てていきます。これぞ「葛藤」です。なんでそういう新しい気持ち、欲求が出てくるのか。やはり、他者が「つながりたい、分かりたい、確かめたい」存在となってくるからに外なりません。子どもたち同士の生身のガチのぶつかり合いが保障された環境が、この「葛藤」の機会に恵まれた場所と言えるでしょう。

トッキーの通う保育園で次第に気づいたことですが、保育士さんたちは、決して口を出さず、ものすごい辛抱強さと丁寧さで、じっと子どもたちの育ちをひたすら「見守って」います。そこにあるのは「子どもたちの育ち合いへの絶対的信頼」です。決して操縦桿を握らない。私のような、わが子を全く信用できず、いつも覆い被さって視界を遮ってきた親から見ると、それは神々しくまぶしい光景でした。トッキーは、ハルとほとんど同じ障害がありながら、この育ち合いを保障されながら育ったおかげで、親の「あやし」を疲れて眠るまではねのけ続け、御されることを拒絶し、決してあきらめず、激しく求め、移ろいやすく、ぶつかる「フツー」の子どもとして「自律」の芽を育てていきました。

子どもたちとの時間で

ハルは、あっという間に学童保育に紛れて「一員」になっていきました。スクールバスを降車する門から学童保育の入り口まで送り、六時になると入り口で待ち、同じ方角の子たちと組んだ「下校班」で一緒に帰ってくる毎日。わずかなものでしたが、私にとって子どもたちと過ごすこの時間はとても豪華で心和むものでした。一～二年生はあちらから話しかけてくることはあまりありませんでしたが、学童保育の最上級生である三年生は、下級生を気にかけ可愛がるほどに成長していて、大人である私にも興味津々、余裕しゃくしゃくで声をかけてきます。日々私を驚かせ、たくさんのことを教えてくれました。

みいちゃんは、見るからに感受性豊かな女の子で、ハルのことをとても可愛がってくれました。しかしそれと正反対に、いつも私には無言で、大きな瞳でキッとにらみつけるばかり。だんだん気づいたのですが、どうやら私のことを「ハルが歩けない、しゃべれない」原因だと目していたようなのです。思えば、ディズニー映画によく出てくるような西洋のおとぎ話には、性悪な大人（時に母親）に嫉妬され呪いをかけられた結果、口が利けなくなったり、歩けなくなったり、眠り続けたり、姿を変えられたり……して、「障害者」になった「心清らかで美しい」若者がよく登場してきます。その上で、たいてい「障害」は治るべきものとして描かれ、例えば「愛する人のキスで」元の姿に戻りハッピーエンドとなるといった展開が約束されています。みいちゃんは、悪い継母である私がハルに呪いをかけて「手のひらの上でコントロールしている」と思っていたようなのです。その上で「この人さえ改心して呪いを解けば、ハルは私と同じようにおしゃべりして歩けるようになるのに」と私に期待しつつ、強大な力を持つ私におそれを抱いてもいたのです。なんという想像力！　大人なら絶対思いつかないことです。私はその感性のとりこになってしまいました。

半年も経ったある日、用事があっていつもより早めに仕事を切り上げてハルを迎えに行き待っていたときのことです。みいちゃんはそこに自分と私しかいないことをちらっと確認してから、廊下の角に向かって吐き捨てるように、大きなため息をつきながら「あああっーあ。ハルコと一緒にしゃべくりたいなあっ。一輪（車）乗りたいなあー」と言ったかと思うと、校庭に走り去って行きました。

虚をつかれました。その言葉は、まさしく私が心に秘めてきた気持ちそのものだったのです。恥じて隠し通してきた気持ち。どうしても、どんなに抑えてもハルに求めてしまう、「もしそうだったらいいのに」という気持ち。「実はあたしも同じこと、しょっちゅう思っちゃう」と、自分が見るのを避けてきた心を直視したら、不思議とスーッと気持ちが軽くなり、つきものが落ちたようになりました。

みいちゃんにとっても、これは大事な告白だったようです。打ち明けて以来、私は呪いをかけた親ではなくわが子を愛するごく普通の親で、愛されているハルは、みいちゃんの親に愛されているみいちゃんと何ら変わりない、今のままでフッーにハッピーな子だということがしっくりきたようで、普通のおじさんおばさんと同じように心を許して話してきました。間違いなく、私とみいちゃんは心に一生残してもいい葛藤をそのままに、あの日あの時、同じつきものを同時に落としたのでした。

命名・誇（プライド）坂

そして一生忘れない瞬間。日常の一瞬のできごとだったにもかかわらず、心の中で光を増して、やがて自分の基準となる大きな瞬間だったと後で気づかされたその時は、タイちゃんと共にありました。

大根小学校の前には川を埋め立てて造った緑道が通っています。駅から駅へとずっと続くこの道を、多くの子どもが通学路として使っています。自転車進入禁止の歩行者専用道で、左右の車道より少し小高くなっていて柵で囲われており、この柵は約五〇メートルおきに車道が横切るため途切れています。この一ブロック（五〇メートル）の間に、車道と出入りする場合のために五メートルくらいの間隔で出入り口が開けてありますが、これが幅わずか五〇センチほどしかなく、しかも階段が三段ほどあり、その真ん中に自転車進入防止のための柵まで設けてあるという、車いすを使う人にとっては「絶体絶命の」出入り口[10]です。ハルたちが下校する場合も、小学校の門からこの緑道へ入りますが、そこはブロックのちょうど真ん中でしたから、この「不可能な」出入り口を行くことになります。ハルは緑道を行く皆を仰ぎ見ながら、ブロックの切れ目まで二〇メートルほど車道をそのまま進むしかありませんでした。車道を行くこと自体が危ないということと、加えて「締め出されて下の道を歩いている」というビジュアルがどうにも屈辱的で、耐えられない……というか耐えてはいけない、という気がしました。

　大根小学校の在校生というわけではなく、しかもたったの二〇メートルの、たった一人の子どもの危険のためにそう簡単に行政は動いてくれないよなあ、と半ばあきらめムードながら、学童保育に通い始めて数日のうちにM区役所の代表番号をダイヤルし、事情を説明し、どういう手続きを取ったらお願いできるか聞いてみました。議会に「陳情」とか「要望」とか、そういう面倒な話になるんだろうなあと思っていると、受付の人が内線を回してくれた先は「みどりと公園課」。担当の人が、じっくりと話を聞いてくれた上で「さっそく立ち会いのもと現況を確認に行きたいのでご都合のよい日時を教えてください」と言うのです。翌日現地で待ち合わせ。「どなたでも住みやすい街にするためにバリアフリー[11]にしなくてはいけません。大規模に改修する計画はありますが、お話を聞く限り具体的に緊急性があるのでそれを待つべきではありません。ここだけでも早急にスロープ化する方向で検討します」と、その場で結論を出してくれました。半信半疑で見守っていると、夏休みの前には「工事中」の黒板が出され、そこはあっという間に美しいスロープの道になりました。

　そこを、はじめて下校班の皆と一緒にハルの車いすを押して通ったときの誇らしい気持ちといったら。高鳴る胸を張って一歩一歩、映画のスローモーションのようにヒロイックな気分で歩きました。一緒に行く子どもたちが誇らしい。この町が誇らしい。……と、いつもわいわい元気

11

な二年生のタイちゃんが、何だか遠い目をしています。ふとこちらを見て坂を指差し「ねえ、これってハルコのためにこうなったの？」と聞いてきました。「そうだよ」と得意満面で答えると、ひと呼吸おいてしぼり出すような声で「……オレ、前の方が好きだった」。

私は、意外な言葉に驚き、瞬時にその言葉への愛情で胸がいっぱいになってしまいました。そういえば、いつもタイちゃんと男子たちは、ここの階段をかけ上がりざま進入防止柵をするっとすり抜けるというヘンテコな動作を楽しんでいました。タイちゃんにとってあの出入り口の形はとても重要で愛すべき大切なものだった。でもある日何の断りもなく突然それが奪われてしまったのです。タイちゃんにとってそれはものすごく理不尽なことだったに違いありません。しかし、同時にたった今タイちゃんは、ハルが一緒に通行できる道になったのを見てそれを「なるほど」と思ったこと、それについては心から喜んでいることも分かりました。その瞬間、暴挙をすっかり許してしまったけれど、その葛藤のことを私とハルを信じて、勇気をもって知らせてくれたのです。「……そっか。ごめんね」と返すのが精一杯でした。

日常のささいな、本当に瞬時のできごとでしたが、あのタイちゃんの顔と言葉は、輝かしい瞬間の記憶とともに日に日に心の中で輝いてきて、私にはっきりとした教えをくれました。自分の思いがたとえ相手のそれよりどんなに筋が通っていて、非の打ちどころがない意見だとしても、有無を言わせず（または巧みに理屈をつけて）押し通す、押しつけるのは結局、暴力に外ならず、そこからは何も生まれないということ。逆にとらえれば、おのれの愛するもの、大切なものを真剣に示し合うことは、対象は異なっていても想う気持ちにおいて共鳴を生む行動です。人は、喪失感と享受する喜びをともに同時に分かち合うことだってできるのです。もっぱら利害という観点から行動し、奪い合う日々は不毛でしかなく、そんな社会に未来を描くことはできません。あの日のタイちゃんが本当に誇らしいのです。私は心ひそかにその小さなスロープを「誇（プライド）坂」と命名しました。

「インクルージョン／インクルーシブ」の真意

ハルの最初の夏休み、英国からミットラー教授という人が来日しました。知的障害があるとされる子どもたちの早期療育プログラムであるポーテージプログラムを提唱し、指導者の育成などの活動を行っている日本ポーテージ協会の招聘によるものだったと記憶しています。

数年前から「特別ニーズ教育、特別支援教育への転換」という言葉をしきりに聞くようになり、それは何だろうと興味をもってアンテナを張りネット検索すれば、すぐに「サラマンカ声明（宣言）[12]」に行き当たれるようになっていました。ハルが誕生する数年前の平成六（一九九四）年六月にユネスコとスペイン政府が協力し、百カ国近い政府と二十余の機関の参加を得て「万人のための教育（Education for All）」を目標に掲げ発した声明。あらゆる違いにかかわらず、世界中のすべての子どもに、同じ場所で等しく教育を受ける権利があるということが確認されたこの声明には、「そのインクルーシブ教育（環境と態度）こそが、未来のあるべき社会をつくるための鍵となる」と書かれています。この文章ではじめて「インクルーシブ」という言葉を知ったのです。

12

「障害のある子どもが通常学級で学ぶ」ことについて、それまでの私の認識はこのようなものでした。

「分離教育」とは、障害のある子どものための特化した学校で学ぶことで、その対語としてある「統合教育」は、障害のある子どもが障害のない子どもが行く普通の学校で「無理矢理」学ぶことを示している。障害のある子どものために特化した養護（現・特別支援）学校・学級での教育は、それぞれの障害種に適した学習法でその子どものペースに合わせて手厚く行う（とされる）。障害のない子どもが行く普通の学校は、言うなれば、障害のない子用に特化した内容なので、障害のある子は十分な教育を受けることはできない（とされる）。この、それでもよろしい、無理矢理入れてしまえ、という態度を指して「ダンピング（投棄）」と非難されている。「ダンピング」の対語としてある言葉は「発達保障」であり、これは本人の（実際は障害種別の）ペースを注意深く計りながらスモールステップ（小さな進歩を重ねていくこと）で確実に「発達（＝障害の克服・軽減）」することを保障する（とされる）という意味で使われており、必ずしも学習とは関係ないようだが意図的であれ無意識であれ混同されて使われていることが多い。

「ダンピング」なんてサイテー。「発達保障」も本当は保障なんてされてないんだ……そう勘づき始めていた私は、障害のある子にとって「よい」教育環境なんてどこにもないのだ、と絶望していたのです。それでも、少しでも近所での子ども同士のつながりを大切にしたい人は「仕方なく」特別支援学校でなく障害のない子に特化した普通学校にわが子を放り込んでいるに過ぎず、一方で、障害が治ったり軽くなったりして「いつの日か発達し健常児のようになる」という話、特別な指導法があるという話をウソでも信じたい人や、そんな話は信じられなくとも「他に選択肢がない／ダンピングよりはマシ」と思う人はわが子が毎日遠く（特別支援学校）に連れ去られるのをよしとしているに過ぎないのです。

　どんなにわが子の特別支援学校への就学という選択が正しかったか、「後輩お母さん」に向かって説教している親仲間。「障害児を一人でも多く通常学級に送り込んでいくため一緒に闘いましょう」とゲキを飛ばす「統合教育」論者。それら闘争心むき出しの必死の様子が、障害のある子にとって「よい」教育環境は現存しない証拠のように思えて本当にうんざりしました。

　私も「ないものは仕方ないのだ」とあきらめていたクチです。だからこの「インクルーシブ」という言葉のオーラには、はっきり意味が分かる前からむやみに希望を抱き、引き寄せられていました。

　ミットラー氏の講演の中で、ものすごく新鮮だったのは「例外を設けないこと（こんな障害があったら例外、ということはあり得ない）」。「障害は、メインストリーム（通常）の教育から排除（エクスクルージョン）されてきたたくさんの子どもたちの条件の一つに過ぎない。インクルーシブ教育と言うときは、貧困や人種、国籍、文化、他様々な排除の原因となってきた条件をもつ子どもたち全てを含むこと」という大原則でした。そして、インクルーシブ教育の手法として、とことん「排除の原因となってきた条件を解消する方法は、環境のほうを整えることに尽きる」と断言していたこと。障害や貧困や文化を、決して個人の責任として矯正しようとしたりせず、そのままに、成員すべて不利益なく共に学べる環境が整った学校（すなわち「万人のための学校」）に変化することこそが求められる、ということ。つまり「合理的配慮」が何度も強調されていました（「貧困」については、この時「へえ、英国にはあるんだな。移民の人たちなどかな。日本では縁遠い感じがするけど」と全くピンと来ませんでした。今となっては自分とこの国にとってリアルなことです）。

ハルもトッキーも、今のままで堂々と子どもらしく生きる権利があるんだ。そうできないのは本人のせいではなく、排除したまま変わろうとしなかった環境のせいなのだ。そうか。「発達」しようとしたり、今ある環境にできるだけなじむため「変化」しようと努力する必要なんて、そもそもないんだ。変わる努力をすべきは、環境の側なんだ。

目の前がパッと開けた気がしました。でも果たしてどうしたらこれを人に説明できるだろう。ハルはどうしたらいいんだろう。ミットラー氏の話を聞いているときは、すぐそこにあり触れられそうな気さえした「万人のための学校」の像が、帰り道には遥か遠くに浮かぶ蜃気楼のように心もとなくなっていました。

二　「介護・介助」と「子育て」を仕分ける

支援費制度登場！

平成十五（二〇〇三）年四月。ハルの小学校入学、トッキーの公立保育園入園の年。この年はもう一つ、わが家にとって、とてつもなく大きなできごとがありました。それは「支援費制度」の施行です。

この制度は、「ノーマライゼーション[13]（障害のある人もない人も同じように「普通に生きることのできる」社会の実現）と自己決定」という理念のもと、それまで行政が「判定」して「このサービスを使いなさい（＝この施設に入りなさい）」と「措置」していた一八歳以上の障害のある人の施設入所が「自由契約」になり選択の自由ができたこと、それとともに（「入所しない」という選択肢を想定して）居宅での自立した生活のための介護（介助）＝ホームヘルプサービスも自ら「契約」し「選択」できるようになった（ただし行政が「支給量」を「判定」することに変わりはない）というのが主な内容でした。

一八歳未満の子どもの場合は、このホームヘルプサービスの部分だけが関係あるということに

13

なりますが、ハルが通っていた療育センターも行政が施設通所として「措置」してきたサービスでしたので「今後は契約になる」ことについての説明会が卒園する少し前にあり、その概要を知ることができました。その時、保護者たちの一番の関心は「有料になると療育サービスが受けにくくなる」ということでしたが、私はお金を払うことよりも、施設通所のサービスが受けにくくなるということよりも、「うちのハル自身、トッキー自身がホームヘルプのサービスを受けられる」ということに、なんだかわくわくと希望がわき上がってくるのを感じていました。

「親」してなかったことを自覚した沖縄の旅

「親」してなかった！　ハルの「介助者」である限り「親」にはなれない……そのことに初めてはっきり問題意識をもったのは、支援費制度の説明を受けたのとほぼ同時、小学校入学の半年ほど前。ハルのクラスメートの家族と誘い合って行った沖縄での卒園旅行でのことでした。ちょうどそのころ、看護大学の先生で、看護師として「病児のきょうだいじのケア[14]」に取り組まれていた藤村真弓さんに、日本水頭症協会の会報『ぱどる』へのご執筆などご協力をいただいていました。何気なくその旅行のことを打ち明けると、「沖縄を旅行するなら、今赴任している沖縄の看護大学の教え子たちを、旅行期間中ボランティアで同行させたいけれど、いかがでしょう」と大変ありがたいお申し出をいただき、お言葉に甘えることにしました。

　十人ほどの学生さんたちが、子どもたちの車いすやバギーを押してくれました。市場を練り歩いていたときです。私は、自然とハルと並んで歩いていました。ふと横のハルを見ると、目をま

14

ん丸くして鮮やかな果物や、珍しい品々をキョロキョロ眺めている。後ろを振り返りそうなくらい食いついているものもあるみたい。「えーっ、ふふふ、可愛いなあ」と思わず幸せな気持ちで見とれていると、ハルもこちらを見返してニコッと笑い返すではありませんか。「？　ハルってこんなだっけ？」……そしてその時突然、こうしてハルの表情を見ながら一緒に歩くのは、これが全くの初めてだという事実に気づき、胸がズキューンと締めつけられました。

あんなに二四時間べったりそばにいて、毎日一緒に出歩いていながら、五年間、一度もなかった。いつも後ろでバギーを押していた（移動介助をしていた）から。話しかけるのはいつも背後から顔を見ずに。夫・ヤマシタがバギーを押すときも、ベビーカー時代のノリのまま、私はヤマシタと並んで歩いていたのです。「私、親、してなかったんだ！　ハルの介助はしてたけど、子育てできてなかったんだ」とはっきり自覚しました。

考えてもみてください。与えられた時間は等しく一日二四時間。「親」の役割だけをやっていても、心身疲れ果てて自分を見失ってしまう人もいるのです。「親」の役割をしながら「介助・介護者」役も一手に引き受けるのは、土台不可能なことなのです。ならばどうやって皆が調整するかというと、やはり生存にかかわる部分、すなわち食べものを口に運んだり、排泄物の処理をきっちりして清潔を保ったり、車いすを押して移動したり……そういう「介護」の部分を優先せざるを得ません。さらにここに療育機関が「何より今優先すべきこと」として家庭に強いる「医療」（障害を軽減するためのホームプログラムなど療育指導）が加わることがほとんどです。「介護」「医療」の部分をすべてこなせば、もう「親」でいる時間なんて残っていないのです。子どもは、べったりとそばにいるようで、実は「親」的な存在を欠いたまま育つことになります。ご飯のときも散歩のときも、一緒にいるのは親ではなく（生物学的に親というだけの）介助・介護者。ハルは母親なしで育ったと言っても過言ではないなあ……と本当に情けなくなりました。

「介護・介助」と「子育て」を仕分ける

こうして、ハルは小学校一年生、トッキーは一歳のときから、ファミリーサポートでも保護者のレスパイト[15]でもない、他でもない「本人」の支援という理由で介助者が派遣されるようになりました。とは言っても、最初に来てくれたのは、以前、緊急介護人派遣制度で何度かお世話になっていた人だし、ハルとトッキーそれぞれにヘルパーさんがつくわけではなく、同じ人が両方の介護・介助を行うというスタート。受給が認められた時間数もわずか週二回数時間ほどでしたから、はたから見たら、それまでと一体どこが変化したのか全く分からなかったかも知れません。

しかし、意識の変化というのは本当に力強いものです。自分が初めて、週に数時間でも「親」として機能できるようになったのだという喜びと実感。それによって、子どもたちがやっと、たとえわずかな時間でも「親」的な存在に見守られながら育つ権利を手に入れたんだ、という意識は、本当に私を奮い立たせ、未来に希望をもたせてくれたのです。子どもたちが美味しそうに食べるのを想像しながら台所で調理をしている私。遊びながらかたわらで調理の音を聞き匂いをかぎながら、待ちかまえているハルやトッキー。風呂で自分の体を洗いながら、服を脱いで入ってくるハルやトッキーを待つ。……今まであり得なかった日常の場面。それが他の家庭のように当

15

たり前になっていくことが、どんなに私を励まし「親」にしてくれたことか。

はっきりと「親、できてなかったんだ」と知り、衝撃を受けた直後「これからは、親、できるんだ！　親子でいられるんだ」と喜びと自信を得ることができましたが、この気持ちはほどなく「どう考えてもこれは理不尽だ！　親できてないのは百歩譲っていいとして、子どもが親（または親的な存在）を保障されるのは、そもそも生まれながらにしてもっている権利、人権のはずなのに！」という噴き出るような怒りに変化していきました。そしてこの件について、自らにも厳しい目をもつようになったのです。まず自分にできる第一歩として、ハルやトッキーの介助を手配するときは、当人たちの生活保障のためであるという目的意識をしっかりもって、断じて親である私のレスパイトや家の都合のための調整という目的から使ってはならないと、自らを監視するところから始めることにしました。

私は子どもたちにとっては母親としての存在になりたい、介助者のうちの一人として働く時間もあっていいけれど、その時は、自分は母親ではないことをきちんと自覚して行動したい。そのための方策を考えなくては。

最初に私がしたのは、「母親の仕事」と「介助の仕事」を分けることでした。これは一筋縄ではいきませんでした。この時、「母親の仕事」からリストアップしていくのは「親」経験の乏しい私には到底、無理な話です。ですから、「介助・介護の仕事」のほうをしっかり定義づけ具体的な仕事として挙げておき、消去法でそれ以外のことを「母親の仕事」という分類でスタートしてみることにしました。しかし、自分自身が混乱してしまい、なかなかすぐにはうまくいきません。

ダブルキャストのロールプレイング

区立保育園一歳児クラスに入園すると同時に、週一回だけ保育園を休んで、トッキーと私は区立の（知的・情緒障害の子用の）療育センターに母子で通い始めました。「障、害、の、専門家の意見をいつでも聞ける状況にして」、保育園の保育士さんたちの不安を解消するため、また私自身、まだまだ療育の世界に何か意味を見出せるのではという迷いがあった頃でした。ハルが通った都立の療育センターにはたとえ週一日だってどうしても行く気になれず、ここに入れてもらったというわけです。

ハルと通っていた療育センターでも同じでしたが、「母子分離」という状況をつくり出して「自立をうながす」という時間が、たびたび設けられます。「いつもべったり面倒をみなくてはならないお母さんたちも、ちょっと休んで、お母さん同士おしゃべりでもして」というレスパイト目的も兼ねているようでした。さて、その日は、子どもたちが職員たちと遊んでもらっている（これを「集団保育」という呼称で療育界の人たちは大げさに語ります）同じ部屋の一角に、お母さんたちが座るスペースが用意されていました。当然のことながら、子どもたちはひと息つくと、お母さんのコーナーに駆け寄り、だっこをせがんだり、一緒に遊ぼうと手を引っ張ったりしに来ます。そこに職員が駆け寄って来て「今はお母さんのところ行っちゃダメな時間だよ」とひょいとかかえてまた「集団保育」コーナーに戻します。どの子もどの子もめげずに、面白がりのセンスのいい子はすっかりその状況を面白がって、わざと何度も何度も来ては連れ戻される。お母さんたちも、「困ったねえ」などと言いながら、その様子を楽しんでいました。ふと、トッキーを見ると、やっぱり他の子と同じく、私のほうに腕をいっぱいに伸ばして「あっちへ行く！」と訴えている。しかしそのいすの持ち手を握っているのは、介助者ではなく職員。もちろん彼女はニコニコと当然のように無視しています。私はこの時、「トッキーの移動の権利が保障されていない」と、この言葉そのままに認識し、一見異常な行動に出ました。

お母さんコーナーから立ち上がり、「介助者」としてトッキーをいすから抱きかかえるとお母さんコーナーに連れて行き、そこで再び「お母さん」に戻り、「今はみんなで遊ぼうの時間だから、お母さんたちのとこに来ちゃダメ」などとトッキーを諭してから、また抱っこして立ち上がり、介助者としてトッキーをいすに座らせた。

……本当におかしな気分でした。周囲も一瞬キョトン。現実の生活ではこんなふうにきっちり役割を認識して行動するのはなかなか困難ですが、この日のダブルキャストのロールプレイングは、自分の考えを整理するいい材料にはなったと思います。

本当の意味での「障害受容」とは

ハルやトッキーの場合、命を守る部分である「介護」を仕分けるのはそれほど難しくありませんでした。子育てと混乱しがちなのは「介助」の部分でした。「介助」とはなんだろう……。

同じ年齢の大多数の子（健常児と呼ばれる子どもたち）が、（阻害しさえしなければ）自然に獲得する動作や所作で、かつ、当人が獲得し得ないものすべてにおいて、その動作や所作を、当人が必要なだけ手伝ってもらうこと。当人が子どもで成長・変化が著しいため、こまめなアップデートが必要であるということ。

これが私なりに到達し勝手に決めた定義と基準でした。今から自分が実践しようとしているそれは、今まで自分の中に常識として叩き込まれていたすべての考え方（そして多くの人たちにとって今でも不動の常識であり続けている）と、真逆のことでした。「スモールステップ、スローステップ[16]で、日々の変化はわずかでも、いつかは歩けるようになる。何回も訓練すればいつかはしゃべれるようになる。人間はそうできているものだ。あきらめてはいけない、怠けてはいけない」。「安易に手を貸さず、自分で獲得できるまで励まし一緒に頑張っていこう」という甘美で力強い励まし。それらすべてが、誰のためにもならないデマカセであり、ウソ八百だとついに決めつけたのです。

16

ショック↓否認↓悲しみと怒り↓受容（↓適応↓再起）

これ、なんだか分かりますか。心理学とか精神衛生学とか勉強している人、それから療育関係者や障害のある子の親なんかは、聞き覚えがある人も多いと思います。これは「先天性奇形（！……生まれつき体のつくりが標準と違う、という意味の医学用語です。もう患者に向かってこれを口にする医師はまずいないと思うので安心して下さい）をもつ子の親の反応」として海外から輸入され、一九七〇年代から日本で定説になっている「わが子に障害があると告知された親の心理ステージモデル[17]」です。そもそもは身体的に大多数と違いのある赤ん坊の誕生について示されたものでしたが、日本では障害のある赤ん坊（または幼児期に指摘があった場合も含め広義）全般に応用しているようです。

多くの同じ境遇の人が通る道とでも言いましょうか。想定外の事態にショックを受ける。↓「ウソ（悪夢）だ」「そんなはずはない」と否定する。↓現実と向き合い「なんで私の子だけが」と悲しみ怒りまくる。↓「障害のある子でもうちの子だ」、「うちの子だけというわけではないようだ」と受け入れる（受容）。↓ショックから回復し元の生活に戻る。……というプロセスです。

私が最初にこのモデルの存在を知ったのは、ハルの誕生から一年経った頃、かつて大学で「心理学」を勉強した友人から「でも、もう障害受容してるんでしょ?」と言われたときでした（苦笑するしかありませんでしたが）。私は以来「この親はちゃんとわが子の障害を理解し受け入れて

17

いる（障害受容している）か」ということを計るために用意されたと思われる質問を、療育関係者や支援者と言われる人たちから、幾度となくされ続けました。おかげで「障害を受容している」と相手に思わせるために、決まった言葉と態度を返す「作法」にすっかり長けてしまったくらいです。

「介助とは」と定義づけを考えたとき、気づきました。「障害受容」できていないのは（あらゆる「違い」を受け入れ認め「同じ人間である」と心すべきは）、障害の専門職・支援者と言われる人々のほうだと。このステージモデルは、親ではなく、社会の側……いやむしろ社会と障害のある赤ん坊との間にディフェンスよろしく立ちふさがっている人々に「こうあるべき」と示す指針として利用できそうです。

それでも、初めての子育て、初めての障害のある人との出会いという強烈な体験のさなかに、救済者として目の前に現れた「療育」というイデオロギーへの信仰を（決して無批判に信じ込んでいたわけではないにもかかわらず）心の底から一〇〇％打ち消すまでには、ここからまた現在まで十年近くの歳月を要したことを告白しなければいけません。すり込みというのは本当に恐ろしいものですね。

「当たり前」にどん欲になる

さて、定義はできたものの、現実の生活においては、「子育て」「介助」の仕分けは、なかなか困難で、自分でも混乱してしまうこと、しきりでした。

自分なりの定義づけにもとづいて、「介助」を具体的にリストアップしていくと、一歳のトッキーなら、みんなあんよが上手になったから「（室内用含め）車いすを押してもらい行きたいと思ったところに行くための手助け」、みんなオムツがとれたから「トイレで用を足すタイミングでパンツを交換する手助け」、みんなこんなおもちゃで遊んでいるから「同じおもちゃで遊ぶ手の補助」、……となります。でも、どうもこの間まで、どの赤ん坊の親もやっていたことだから、と言っても、私も（そしてヤマシタも）もう五歳のハルの紙パンツ交換を大してためらいもなく、白昼堂々、公園のベンチに転がして平気でやってのけたような無神経・鈍感なタイプの人間です。何頭で分かっていてもなかなか行動に結びつかず、ついさっと母親としての私がやってしまう。頭で分かっていてもなかなか行動に結びつきません。

逆に「私、母親としてやりたいなあ」とリストに挙がった、向かい合って遊んでやったり、食卓を囲みながら他愛もない話をしたり、叱ったり諭したり、ほめたり……ということを介助者が引き受けてしまい、私が出る幕がなくなってしまうこともしばしば。介助者に指示を出すにしても、親だからといって、私にもホントのとこは分かりゃしません。有機的で、言語化しにくく、ささいで、移ろいやすいことばかり。エラーも多い。でもそういう状態だからこそ、感じてもらいやすいこともあります。才能と情熱のある介助者の中には「ハルの生活のノーマルさ」に、私と同じくらいどん欲になって「そのためにはどう（どのパートを）働いたらいいか」感じ、同じ土俵で考えてくれる人も出てきました。

家族は介助・介護をすべきではない

この年私は、難病のこども支援全国ネットワーク[18]が年に一度行うシンポジウムで話す機会を得ました。「在宅生活を考える」というテーマでした。代表の小林信秋さん[19]が「柴田さん、以前このことについて熱く語っていたよね」と勧めてくださったのです。このネットワークは「親の会連絡会」というゆるいつながりを世話してくれていて、たくさんの患者会が定期的なミーティングに参加して、意見を出し合ったり、問題を共有したり相談したりできる場になっています。ある日、その場で「在宅医療」に話が及んだとき、私が「家で親とべったり暮らしてたって、親が、親、できてなくて看護・介護人に徹してたら、その子にとっては、親と離れて病院で暮らすのと同じでしょう」……など、自分の思いをぶちまけたのを覚えていてくれたのです。

　基調講演はスウェーデンで人工呼吸器を使用しながら自立生活をしている「草分け」のような存在のアドルフ・ラッカさん[20]によるものでした。かつて人工呼吸器は、冷蔵庫のようなサイズで病院にあるその装置につながれているしかなかったということ、ダウンサイズして車いすやストレッチャーに搭載できるようになり、病院を飛び出して、自宅に戻る人や自立生活する人が増えたこと……など、人工呼吸器の歴史を興味深く知ることができましたが、それよりもさらに私が感銘を受けたのは、「パーソナルアシスタント[21]」という介助についてでした。言葉は知っていましたが、よく理解できていなかったのです。支援費制度から一貫してこの国の介助保障制度は「居宅介護（ホームヘルプ）」「外出支援（ガイドヘルプ）」「行動援護」など使途目的によりサー

18　19　20　21

ビス区分を設けてきました。しかしそのことがどんな害をもたらすかまだ実感していませんでした。ですから区分なくシームレスな介助が提供される「パーソナルアシスタント」の妥当性まで理解が及ばないままでしたが、二四時間、生活動作すべてに介助が必要なその人の「一人暮らし」の話の中では、何度も「介助者との関係性」について語られ、介助ということに出会い救われ、日々それについて知恵を絞る場面を欠かさない私にとって、既に現実にそれを実践し実感しているその人の話のリアルさは、ぞくぞくするほど面白いものでした。

私は、「親が介護・介助者をやめる日」と題して、「在宅」という言葉に「本当は病院で暮らさなくてはいけない人が家で暮らしている」というニュアンスを感じてどうにも気に入らない、というところから話を始めました。そして、生まれて初めて人前ではっきりと宣言しました。

親や家族は、本来、介護・介助をすべきではない。

加えて「母性神話」を否定し、「子どもがあなただから選んで生まれてきたなどと安易に言わないでほしい」とお願いしました。

聴衆の反応は、ひどく悪いものばかりでした。「訪問看護事業所不足の問題などについて語っているときに、水頭症の元気な子の気楽な親だからできる話ね」など、そもそも覚悟していた批判は仕方ないとして、「お母さんがそんな気持ちでこれからどうするの」という筋違いな激励には参りました。「二人も介護が必要な子がいてヘトヘトなのでしょう。たまには一息いれて」と私の精神状態が思わしくないのかと様子をうかがい心配してくれる人もいました。

「家族愛」「母親の大海原のような無限な愛」をどうしても信じたい人は多く、どんなに拒絶しても「こうあるべき」と期待されてしまうものだ。抗うことは並大抵なことではないぞ。

少し気が重くなりました。

この夏の終わり「末期ガン」だった父が亡くなりました。これ以上の治療を望まないことを確認し、亡くなる三週間前から母と二人、晩年を暮らした相模湖の自宅で過ごしていました。私は週に一度、数時間調理を手伝いに行けるくらいで、父の介護はすべて七〇歳を過ぎた母が一手に担いました。父の症状は急速に悪化していき、それにともなって、たんの吸引、体位交換など夜を徹しての介護・看護が始まりました。退院後すぐ役所の家庭訪問があり、介護認定が下りていたのでいつでも訪問看護を使う準備ができていました。「夜だけでも……」と母が思い切って依頼の連絡をすると、電話口のソーシャルワーカーは、おっとりした声でこう言ったそうです。

「でも、だんなさまも、奥さまに看病していただきたいのではないかしら。いまさら他人にお体を触られたり、お世話になるのは抵抗があるのではないですか」

結局、母は夜中に急変した父が病院に戻るまで、不眠不休の看病をやりとげました。翌日父が亡くなった瞬間、母は明らかに悲しみより「責任を果たした」ことに安堵していました。重責を果たしたという達成感が邪魔をして、長年連れ添った夫との死別の悲しみを感じ寂しく思うことは、最期の日にも、その後もなかなかできないでいました。

こうして、母は、連れ合いとしてより介護・看護人として大切な最期の日々を過ごし、父と別れることになってしまいました。

「家族は介助・介護・看護をすべきではない」……ハルとトッキーにとってはいつも母でありたい。かつて意識的に決意した私は、再び確信を強くしています。必ずどんなに看護・介護の日々がキツかったかというエピソードでしめくくられる母の「夫との思い出話」を、くり返し、くり返し、苦々しい思いで聞きながら。

父が亡くなったころ、「支援費制度」があっという間に廃止され、翌年四月から「障害者自立支援法（以下、自立支援法）」に移行するというニュースを耳にしました。理由は「想定を大幅に上回る利用者がいて財政ピンチになった」とのこと。金策が取られたバージョンが「自立支援法」となることは明らかでした。そして大方の予想どおり（この国ではよくあることですが）、その「金策」とは、制度を利用する障害のある当事者の側に、一律の経済的負担を強いるという暴挙でした。さらに「外出支援」は「居宅支援（ホームヘルプ）」から切り離され、命に直結しない「趣味的なもの、なくて困らずあったらラッキーというもの」としてとらえられてしまったかのように自治体に丸投げされ、その裁量にまかされることになってしまったのです。どんなにきれいな言葉を並べても「使い控え」を目的とした改悪であることは明らかでした。この頃はまだ、「使い控えろと言うの」と驚くと、十も言い訳を並べ立てあわてて否定する役所の職員がほとんどでしたが、この年を境に、公的な場で堂々と「そうです。国の、自治体の、財政を助けるために皆身を切っています。あなたもそのようにお願いします」と言われ、言葉を失う場面が増え、次第に「当たり前」になっていきました。

　ようやくポツリポツリと、家で、外で、わが子が介助者を得ることを親が「許す」機会が増え、社会でも公認されてきたと実感していたころ。「家に毎日他人が上がるなんてイヤ」というレベルからの出発が多かったのですが、私と同様、使ってその大切さを実感する親も増えてきていました。私はまた振り出しに戻るのではないかとあわて、機会があるごとにこう説得しました。

　こんなことで使い控えてはダメ。自己負担って言っても上限が設けてあるから。障害児手当だのなんだの、本人の稼ぎを使って払える範囲じゃない？

　しかし「子どもは親が温かい愛情で看るもの」と母性神話で働きかけてきたり、「もっと困っている人がいる」など仁義に訴えてくる言葉を再び頻繁に聞くようになり、またプレッシャーにつぶされて「子どもに介助なんてそんなもの、そんなニーズはそもそもなかった」ことにされてしまうのは時間の問題のように思えました。

三　「圧倒的な共感力」の中で暮らし始める

自然に生まれた自然な存在

毎日が驚きの連続のこの年の夏、どうしてこのめまぐるしい時期だったのか思い出せませんが、私とヤマシタは「遺伝カウンセリング[22]」を受けました。世の中では、ヒトゲノム計画完了[23]のニュースから、確かに「遺伝子」という言葉がブームになっていましたからそれに感化されたのでしょうか。

もはや妊娠はこりごりだし、二人育てるのでもうてんてこまい、という状況でしたから、告白すると目的は、単なる「好奇心」。名目上「同じ夫婦から同じ水頭症の男女の子が生まれたんだから、すなわちこれが遺伝であることは間違いない。もしハルとトッキーの状況の原因になっている遺伝子なりその配列なりが特定できて、将来遺伝子治療とか何とかそんなことが可能になったら医学的に解決できるかもしれないし。この子たちはともかく後続の仲間が救われれば」という動機をとってつけましたが、それを強く、真剣に思っていたわけではありません。正直に言えば「すっきりさせたかった」だけなのです。

22　23

その前年、日本水頭症協会の活動に協力してくださっていたお医者さん方が力を合わせて『水頭症ガイドブック[24]』という日本初の当事者とその家族向けの本を作ってくださったこともあり、「先天性[25]水頭症で、原因となる特定遺伝子がはっきり分かっている例（L1CAM《エルワンカム》）は一つだけ」、「その他も遺伝であることは間違いないものがあるが、何が原因でそうなっているのか明らかになっていない」ということと、「遺伝というのは、一つの遺伝子の差異が原因になっていることはむしろめずらしく、複数の条件の組み合わせから症病として発現する」ということは何となく理解していたので、「ハルとトッキーはよく似ているから、共通していて、かつ、他の人と違うところを見つければ、原因となっている組み合わせなり条件なりを特定するのに役に立つのでは」と素人なりに考えたのです。血液を一度だけ少量提供すればよいという「気軽さ」も気に入りました（幼い子どもたちにとっては、気軽なことではありませんね。もう決してするまいと誓います）。そして、相談した医師から検査の方法を聞き、「DNA全てを調査することは不可能なので、脳や神経に関係ある部分に当たりをつけて調査する」、「それでも調査には半年かかる」と説明を受け、子どもたちから血を採らせてもらいました。

　さて結果は、驚いたことに標準《スタンダード》の人と全く変わりなかったというものでした。その結果を聞いて「こうなると、もう性格とか好みとか、そういう自然な次元のことなんだってことだよ」と即座に出した結論が口をついて出てきました。

24　25

生まれつきの水頭症で言えば、唯一分かっているL1CAMという単一遺伝子の違いによる遺伝性水頭症にしたって、全く同じ感覚。たった三〇億分の一の違いで状況が大きく変わる。どの人もそれぞれ膨大な数の書き違いを持っているのに、大半がたまたま症病として現れない。原因と結果という二つのものの量や質が因果関係として語るにはちぐはぐすぎる。人の手に負えることではない。

「分からない」ことを知り・認め・大切にすること、感じることもまた、医療にとって重要なことではないでしょうか。「医学」は臨床に活かされ「医療」となった時点でもう立派なソーシャルワークであり、だとすれば、人の手に負えないことを扱う資格などないのです。

さらに、ハルやトッキーが「自然な存在」なのであれば、社会の成熟とか倫理とか、そういうこと以前に、その誕生は「必然のできごと」であり、エラーでも異常事態でもなかったのだ、ということもぼんやり感じました。やがてわが子らを「自然な存在」として、そして自分のお産を「よくある自然なお産」の一つとしてとらえられるようになり、とても楽になりました。

この子たちの出生はアクシデントなんかじゃなかった。一人の自然な人間が、自然に生まれたバリエーション（変化、異種、変種）の一つに過ぎない。

こう胸を張って言えるようになったことは、大きな収穫でした。

同じ頃、米国の水頭症協会から「遺伝情報を提供しようキャンペーン」の案内が届きました。会員である当事者や家族から遺伝情報を提供してもらい、遺伝医学の研究に役立てようという主旨です。そこには、私が何気なく建前として設定した「検体が必要なわけ」がそのまま「意義」として書かれていました。ハルの生後一〇カ月の手術の前、この米国水頭症協会のメーリングリストへ投稿し、即座にたくさんの返答と励ましをもらいました（この経緯は、夫・ヤマシタが書いた『雨のち晴子（晶文社[26]）』に詳しく書かれています）。どんなに救われたか。あの日がなかったら今の私たち家族は絶対なかったし、日本水頭症協会でたくさんの人と出会うこともなかった。大恩人です。しかし私は、言いようのない不快感に襲われて、その案内をビリビリと八つに裂いてゴミ箱に放り込んでいました。本当のことを言うと、ゴミ箱に入っているそれが視界に入ることさえ不快で、火をつけて燃やしてしまいたいとさえ思いました。

圧倒的な「共感力」

保育園で過ごすわが子の様子を見たり、お友だちや迎えにくる親たちと会うのは、送り迎えのわずか数分。しかしここで毎朝毎夕見かける親子のやりとり、団子になってじゃれ合う子どもたちの姿、……見るたびに心がとろけました。

ハルがこの年頃、親子で過ごした療育センターでは、親仲間が集まれば、会話といったら毎度こんな具合でした。

26

●体が大きくなってきた子の親が、身長や体重が少ないまま成長する性質の子の親に、「○○ちゃんは、大人になってもずっと小さいから親孝行ね。ウチの○○なんてもう重たくて腰が痛くて大変」と言う。

●それが歩けない子ならその親は、自分の子どもの脚を指して「無駄に長いんだから、邪魔よ」と笑いながら言う。

●よく動き回る元気な子の親が、自力で移動できない子の親に「○○ちゃんは親孝行ね。ウチの○○なんて動き回って危ないことを止めるのにもう大変」と言う。

●おしゃべりな子の親が、しゃべれない子を見て「○○ちゃんは静かでいいね。ウチの○○なんてうるさくてイヤになっちゃう」と言う。

●よく食べる子の親が、そうでない子の親に……。

●表情豊かな子の親が、表情が乏しい子の親に……。

●医療的ケア[27]が必要ない子の親が、医療的ケアが必要な子の親に……。

何ができる、何ができない、大きい、小さい、長い、短い、……まるで野菜か家畜の品評会です。くれぐれも誤解のないように念を押しておきたいのですが、どの親も皆、私と（またはこれを読んでいるあなたと）同じように、わが子を愛して大切に育てている普通の良識のある人です。決して子どもに暴力を振るったりネグレクトしているわけではありません。療育センターに通い

27

出し、お互いの存在を知ったことで「世の中にはいろいろな障害があるんだ。うちだけではなくこんなにたくさん同じ（障害がある子を授かったという）条件の親仲間がいたんだ」と本当に心強くなったものですが、今振り返るとその本質は、閉鎖され固定され隔離された異様な社会でした。

こんな日々でしたから、私は「親子とは、こんなものだ」と思っていたし、漠然とシャバでの健常児の親は、よくマスコミが騒いでいるようにひとたび親になると競争心がわき、「わが子以外はかぼちゃに見える」なんて心境で子育てしているのだと思い込んでいました。どちらにしても「子育て」とは「共感」と無縁のものだと思っていました。

しかし現実は違いました。目の前で毎日、様々な親子がそれぞれ愛情を確かめ合っていました。おばあちゃまがいかにも広くて細やかな眼差しで孫が飛びついてくるのを待つ姿や、この間まで赤ん坊だったと思っていた子が泣いているきょうだいをなぐさめている姿。……人の数、親子の数、家族の数だけあるバリエーションで表現される日常を前に、感じる心は「共感」そのものでした。「よその子をわが子のように可愛がる」という言葉がありますが、それ以上、「よその家族がうちの家族みたいに思える」という心境です。歩けるだの、しゃべれるだの、トイレでおしっこができるかどうかだの、そういうことをすべてひっくるめてバリエーションの一つとしてスルーし、その先の「生きていく」「育っていく」「愛し愛されていく」というところで強く共感できるのです。

「障害がある」というカテゴリーで集められた子どもと家族の集団では、「同じ境遇」というところが重宝されます。だからそれを毎分毎秒確認せずにはおれなくなって、違い探しと比較作業に没頭し「分かる、分かる、分かる。子どもに障害がないとこういうの、分かんないわよね」という排除の言葉によって「障害がない子の子育ての世界」という別世界を設定することで「恐れ」を打ち消し、その場しのぎの絆を築いていくしかありません。この絆を強めるために、「別世界との共感力」はむしろ脅威とされ、日々故意に遠ざけられていくのです。

「シャバ」に暮らす人の共感力の強さ、柔軟性と包容する力には幾度も驚かされました。私たち家族を紹介されたとき、おそらくそれぞれの人の中に「今後一生歩く見込みのない赤ん坊」、「重い障害がある車いすの子どもを二人も育てているお母さん」と聞いたときに頭に思い描いた人物像、先入観があったに違いありません。しかし皆一様に、会って一、二度たわいない話をしただけでそれを乗り越えるのです。同じ年頃の子の親として、ご近所としてつき合いをスタートし、成り行きにまかせて関係を育てていってくれます。その力はバリエーションの質量が圧倒的な「シャバ」でだからこそ培われてきたものです。私たち家族が、そのおびただしいバリエーションのほんの一つとして加わり紛れることは、本当にたやすいことでした。こんなにたやすいことだったなんて。

夕方「お迎え」に行き、家までの道すがら。一日中、共感力の嵐の中で過ごしてきたトッキーは、当然のように、バギーを押す私と手をつなぎたがります。そして手を取ると、グーッと前に引っ張って横に並んで歩けと訴えます。すごくつらく不自然な態勢になりますが、幸せなお決まりの時間になりました。じーっと月を見張っているトッキーの顔を見ながら「お月さんついてくるね」と言うと、トッキーが「うっ（Ｙｅｓ）」と私の顔をちらっと見、その顔に見とれる私……。日にちの数だけくり返されるこうしたささいな場面が、

あたし、親だわ。あたしたち、親子だわ。

こう、私に実感させてくれるのでした。

保育園でも小学校にあがった後も、「（何かと大変なんだろうけど）何もお手伝いできなくてごめん」と言うお母さんお父さん仲間が必ずいました。その度に「なんで！　何、言ってるの？　もうすごく力になってくれてるんだよ。どういったら分かってくれるかな……」と必死で感謝の意を述べようとするのですが、うまく伝わったためしがありません。あなたの、あなたと子どもが愛し合う姿、その存在そのものが、その集合体であるこの街が、社会が、どんなに力をくれたことか。うーん、分からないだろうなあ。

ローテンションに救われる

思い返せば、ハイテンションで気張って「はじめまして」を言うのはいつもこちらのほう。保育園の保育士さん、学童保育クラブの指導員さん、近所の保護者たち、障害福祉・障害児教育以外の区役所担当の人、……シャバの人たちは普通の物腰で応対してくれました。この「テンションの低さ」には、いつも本当に救われます。私たち家族が「当たり前の存在」と受けとめら

れている、そんなふうに感じさせてくれるからです。

M区の学童保育クラブのうちほとんどは、夏休みに保護者会キャンプを企画します。トルネード学童保育クラブでも休みの始めに二泊三日で、奥秩父でキャンプをするということでした。わずか三カ月ですっかり「ハルはシャバでやっていける」と自信がついた私は、体が丈夫でアウトドアも大好きなハルをぜひ参加させてやりたい、と思うようになっていました。遠足のように、わが子以外の子の「班親（キャンプでの親代わり）」になって過ごすというコンセプトもとても魅力的でした。でも、ずっと車いすに乗っている子が参加するとなったらどんな反応が帰ってくるだろう。自信をつけてきたときだっただけに、もし無理だと言われたら傷つくな、と恐れる自分がいました。

できるだけ相手の負担にならないように「たとえ一つもプログラムに参加できなかったという結果になってもいいです」と言おう。それからどれだけ体が丈夫か説明しよう。それから……。

たくさん言葉を用意して説明会に臨みました。申し込み用紙を出しながら「あのー、あの車いすに乗った一年の子の母ですが、行きたいと思うんですが」と切り出すと、その実行委員のお母さんは、「あ、は～い」とあっさりした受け答え。思わず「大丈夫ですかね？」と聞くと、にっこり笑って「大丈夫でしょ」。まあ、何かいるものとかあったら、ちょくちょく考えてけばいいんじゃない？……という具合。みんなと同じ申し込み用紙、みんなと同じ「健康カード」を使って、家族総出で参加することになりました。私はトッキーというこぶ付きでしたから満喫というわけにいかなかったけれど、川遊びもキャンプファイヤーもダンスも、すべてハルは思い切りエンジョイしていたし、ヤマシタは「ヒィー疲れた」を連発しながらも、子どもたちの世話を焼くのを楽しんでいました。子どもたちが眠った後の大人同士の飲み会での語り合いで、近所の人たちとの距離がまたグッと縮まりました。私が「すごい、みんなすごいよ！」とその包容力をハイテンションでほめちぎり感謝すればするほど、相手は変わらぬローテンションで「別に」「何が？」という調子で返ってきます。

ハルの誕生からこのかた「障害のある人にかかわる世界」の人たちは、何とか私たちの力になろうと、私たちに常にハイテンションで接触してきました。しかしその対応は「ああ、私たちの存在は、特別、異質、異常事態、事故、違う世界の人……なのだ」という認識を、かえって強めてしまいました。

「シャバ」での生活をスタートさせて以来、出会う人出会う人のローテンションは「ハルとトッキーは同じ人間の子ども、変わらなくてもいい、当たり前の存在だ」と思い始めていた私の背中を、ポン、ポンと押してくれました。

安積さんとの出会い

ハルが小学校、トッキーが保育園と、それぞれの場所で日中を過ごすようになって、私は数年ぶりに一人でいるまとまった時間を取り戻すことができました。生業も細々と請け始めましたが、最初からそれほどミッチリ仕事は入りません。時間があくと、図書館で次々と本を借りてきてはガツガツと読みあさりました。当時、寝食を忘れるほどの情熱で取り組んでいた日本水頭症協会の会報『ぱどる』に推薦図書のコーナーをつくってそこで紹介する目的もあり、障害のある人に関係する本が主なラインナップでした。

そのほとんどは自分と同じ「親」が親バカを披露するために書いた情けない内容のもので、それら「特有の切なさや嬉しさ」などを読むにつけ、共感どころか「それはあなた固有のもの。障害のある子の親だからってあたしたちとか言うな」。「《こういう子たち》《私たちの子たち（障害のある子どもの親の集まりなどでよく使われる表現）》、ってどういう子たちだよ」などと怒声のツッコミを入れるばかり。その不愉快さは、近親憎悪とでも言いましょうか、かつての（いや今でも払拭できてない）自分の醜い姿を鏡に映してゾッとするような感覚。それに比して圧倒的に数が少なく断片の情報しか得られないにもかかわらず、障害のある人自身が権利を獲得するために行ってきた運動の記録や、そこから生まれた思想などについて書かれたテキスト(28)は、例外なく胸にグッと迫りました。

そんな中で釘付けになったのは『生の技法』（生活書院）という、障害のある当事者と社会学者による共著の本です。特に冒頭で自分と同世代の障害のある女性が自身の半生を語っている部分は何度も目が止まってしまい、読んだというより紙面に穴があくほど見つめた、という具合。自分の無知を恥じるほど衝撃に満ちている内容なのに、不思議と既知のことのようにも感じら

28

れ「別に、あなた、オカシクないよ」とささやかれている気さえしました。その後、出会う本や引用で「いいこと言ってくれるなあ」と思って名前を見ると、この人物によるものなのです。その人は、安積遊歩《あさかゆうほ》（純子）さん。[29] 骨形成不全という、ざっくり説明してしまえば、カルシウムの吸収量が少ない体質のため、骨がもろいという症状をもつ人。脳性マヒ者の当事者団体「青い芝の会」[30]と出会い、共に障害のある人の権利獲得運動を牽引し、米国に留学して当時先駆的だったバークレーの自立生活運動を学び、たくさんの恋を経てアラフォーの頃、相棒・石丸偉丈さんと出会い、同じ症状をもつ宇宙《うみ》さんという娘さんに恵まれました。

「青い芝の会」の行動綱領の一つ「われらは、愛と正義を否定する」という言葉に完全にノックアウトされて、関連資料を血眼で探しまわっているところだったし、宇宙さんがハルと同じ歳だということに気づき、さらに親近感を覚えました。

しかし「この人に会わなくては」と思った動機は本への共感ではありませんでした。それは、安積さんが留学のとき「自立生活プログラム」[31]の一環として学び、日本に持ち帰り教えるようになった「コウ・カウンセリング」というピア・カウンセリング[32]の発展版のようなグループカウンセリングでした。

ちょうどその頃、日本水頭症協会のメーリングリストで、水頭症をもつ当人たちから「結婚して子どもに自分の水頭症が遺伝したらどうしよう」、「きょうだいの結婚話の邪魔をしているのでは」という声が寄せられ、「なぜ？　あなた自身はとても素敵なのに」、「わが子が同じ症状をもつなら育児していくなかでこれ以上心強いことはない。子どもが水頭症だったとして何が不安な

29　30　31　32

の」と言い返したいことが何度もありました。私も含め、多くの「親」たちが、この水頭症者当人たちの書き込みを読むことで、育児の不安な気持ちを和らげ元気をもらい、時には絶対に他からは得られない大切なことを学ばせてもらっていたのです。こんな素晴らしい人たちなのに……。もどかしい気持ちからモヤモヤが募りました。当人たちの気持ちの根っこに「自己否定」という感覚が横たわっていることは明らかで、子ども時代からもっぱら水頭症であることを大人に否定された経験がしみこんでいるように思えました。

何かと親に「水頭症に産んでごめん」、「丈夫に産んであげられなくてごめん」と泣かれる。近所のおばさんに「可哀想に。めげずに頑張ってね」と言われ続ける。学校の先生にほめられるときは必ず「障害を乗り越えて」と付く。

……日々こういう言葉にまみれ「自分の症状は不幸なんだ。その症状をもつ自分は不幸なんだ」と思い込んでしまっているのです。医療という「社会性に欠ける容赦ない世界」の住人と幼い頃から接触する機会が多いのも一因であることは間違いありません。傷は深い。何としても「あなたは、イケてる。水頭症ということと不幸云々ということは無関係だということを身を以て証明し、私のような親を勇気づけている」ということに気づいてもらいたい。そのために、このコウ・カウンセリングが、「使える」のではないか、と思ったのです。コウ・カウンセリングが目的としているのは、「自分を再評価し、自分を肯定する気持ちを取り戻す」こと。方法はグループカウンセリングによって「自己否定に陥る原因となっている過去に受けた傷、目を背けていた傷を今一度直視し、押し殺してしまったその時の感情を明らかにし、気が済むまで『感じること』で能動的に自分を再び評価し肯定感を取り戻す」というものです。

自分はいろいろなものに恵まれているな、と日々感謝してますが、中でも「タイミング」ほど、それを感じるものはありません。「どうやったら会ってくれるだろう。障害のある人当人、家を飛び出して自立を求めてきた闘士だもん。障害児の親なんか一番会いたくないだろうしなあ」と一人思い悩んでいたのは、わずか数日でした。年が明けて平成十六（二〇〇四）年になって間もない頃、M区の掲示板に「安積遊歩さん講演会」のポスターを見つけてビックリ。M区の障害者団体連絡会の依頼に応じてくれたものでした。

当日の講演は胸に腹に五体にズシズシ響いてきて、そもそも高かった期待をはるかに上回る内容でした。聴衆を見れば、M区に住んでいるのであろう「大人の」障害のある人がたくさん来ているのも驚きでした。それまで出会う機会が全くなかったのです。すぐにでも皆さん一人ひとりに声をかけて話をしたいと思いましたが、「いや！　今日はこのチャンスを逃してはいけない」と演台から降りて来た安積さんを捕まえて「日本水頭症協会会報ぱどる編集長」の名刺と、協会設立の経緯の説明がされているヤマシタが書いた『雨のち晴子』（晶文社）を差し出し、「私、こういうものです！　でもあの、親なんですけど！　コウ・カウンセリングのことをぜひ会報で紹介したいと思いまして。一度会ってお話を聞かせていただけませんか？」と強引に尋ねると「互助会をやってらっしゃるんですね。私も水頭症の子を知っています。いつでも連絡をください」

と応じてくれました。

　その数日後に、安積さんが当時住んでいた国立駅のカフェでインタビューを……ということになりました。電動車いすで単身出迎えてくれた安積さんの表情は曇っており「ああ、やっぱり乗り気じゃないんだよなあ」と申し訳ない気持ちになりました。開口一番、安積さんは「本、読ませてもらいました。今は、療育センターも私のころとは違っていいところになったようですね」と。私はすかさず「いいえ、違う！　当時からモヤモヤ感じていた違和感が正当なものだったと気づいたところなのです。最近やっと時間ができて、安積さんや、他たくさんの人の書いたものや記録をあさり始めて。状況はそう変わっていないと思います。著者のヤマシタにしてもあれを書いた当時は気づいていなかっただけで、今はいろいろ感じているように思います」と答えると、安積さんが少しホッとしたように見えました。そのあとは、すっかり打ち解け、その後生まれたトッキーの話やら、安積さんが宇宙さんを妊娠したときの話やら、出生前診断の話やら……、気がついたらもう帰らなくてはトッキーの保育園の迎えに間に合わない時刻になっていました。肝心のインタビューは、これっぽっちもできず、また日を改めてということになってしまいました。帰ってから「初めて会った気がしなかった。話が止まらなくなっちゃって。あんな人初めて」と興奮しながらヤマシタに話すと「そりゃー、相手は傾聴のプロなんだから当たり前じゃろ」とにべもなく返されました。なるほど、一方的に「カウンセリング」を受けちゃったんだろうか……。

気づきと決意

後日無事インタビューを終え、素晴らしい記事になりました。コウ・カウンセリング講座の開催も企画したのですが、残念ながら、水頭症当事者の人の目にはとまらなかったか、都合がつかなかったか、一人も参加する人はいませんでした。代わりに私自身が友人を誘って「初級編」に参加しましたが、そこで私なりに学んだことは「自分の体の反応（表現）に素直であれ、信頼せよ」ということです。自らが傷を癒す力をもっている。その力とは涙や泣き声、あくびや汗などの生理現象。自信をもって、これを決して抑える（抑圧）べからず、ということです。大声で泣き叫んだり、大あくびをすることは、「みっともない」「相手に失礼」と禁じられ、また自ら制するのが美徳とされている文化は多い。欧米の文化では子どもにすら厳しく禁じている印象がありますし、日本やアジアなどの「出物腫れ物所構わず」……と比較的寛容な文化においても、立場や性別などにより戒められています。しかし、おならが整腸（身体）のために重要な役割をもつように、涙や泣き声、あくびも、自らの心を律するための欠くことができない力、「出してはいけないもの」の真逆、「出さなくてはいけないもの」なのです。

最初に気づいたのは、ハルのことでした。多くの「重い」障害のある子どもは「笑顔で周りを癒す」ことが仕事だ（それだけが唯一社会の役に立つ能力だ）と言われんばかりに、日々、笑うことを強要され、泣くことを禁じられます。ハルも、泣こうとするや、ありとあらゆる手段で「あやされ」「気をそらされ」、それは、ついに笑顔になるまで続けられてきました。初めてハルが泣くことを許されたのは、赤ん坊（トッキー）が家にやって来て、気に障る声でお構いなしにぎゃーぎゃーと始終泣き始めたときでしょう。イライラして泣き叫びはじめるハルのもと、いつもなら駆けつけてなだめ透かし、好きな絵本やらビデオやらとっかかえ、ひっかかえ「これか？　これか？」と目の前に出す役の私でしたが、赤ん坊を黙らせようとおっぱいをあてがうことを優先し、体が塞がっていてできません。ハルは放置され、泣き叫びっぱなし。やがて嵐が過ぎ去るまで、その悲痛な声を聞くのは、本当に辛いものでしたが、それは「ハルが苦しんでいるのに何もしてやれない」という思いからでした。むしろこの頃、やむにやまれず「泣き続けることを許可された」ことは、ハルにとって一つの解放だったのではないかと思い直したのです。

しかし、残念ながら、トッキーと身が離れるようになると、私も（ヤマシタも）再び泣き叫ぶハルのもとに駆けつけあやす、ということをくり返すようになってしまいました。それは今でも続いています。頭で分かっていても、その声を、暴れる音を聞くのが、どうしてもガマンできず、放っておくことができないのです。ハルもそういう処遇にすっかり依存してしまっている。あやしを求めるようになってしまった。かろうじて笑うことを強要することを控えることはできるようになりましたが……。

トッキーは「泣くな」と言われず、育ちました。

三歳のころ、紙パンツに常に少量の便がつくようになり、検査したところ通常より腸が長い「S字結腸」で、また常時車いすに乗っているため下半身の運動量が少ないので、慢性的に便秘していることが分かりました。水頭症の治療のための頭からお腹に入れている細いチューブ（シャント）の中の水流量は、腹圧の影響を受けるため、便秘は特に気をつけなければいけない症状です。定期的に浣腸でコントロールすることになりました。彼の排便周期である三日に一度の浣腸はとてもよく機能していますが、朝叩き起こされて、パンツを脱がされて尻に浣腸を入れられることは、くやしく恥ずかしいく、イヤでツラいことに決まっています。決まってトッキーは狂ったように泣き叫び続けます（便器に座るとぴたっとわれに返り、便を出すことに集中します）。この間、体が落ちないように支えている私も、浣腸を入れているヤマシタも、グッとこらえてなだめたり、あやして気をそらせたりしません。私は、泣き叫びの「力、意味」を学んだからですが、ヤマシタがそれを直感的に分かっている様子なのはなぜだろう、と不思議です。きちんとそのわけを尋ねたことはないのですが、おそらく、彼が幼い頃から慢性中耳炎で定期的に拷問のような痛みを伴う治療を受けなくてはならなかったこと、その時傍らにいたお母さんが周囲を気にして制止したりせず、毅然として「イタいね、イヤだね、思い切り泣きなさい」という態度をとってきたことが理由ではないかと想像しています。

トッキーの泣き叫びは、なぜ浣腸が自分の健康にとって必要なことかを理解している一二歳になった今でも続いています。なぜ「理解しているがあえて泣いている」と言えるのか。ヤマシタの手がなく介助者が手を貸してくれるときは、おとなしく横になり尻を差し出し黙って浣腸を受け入れている姿を見れば分かります。朝まだ眠いうちに、わが子の叫び声を聞くのは私にとってもヤマシタにとっても（おそらく家から外へ漏れる叫びを聞く近所の人たちにとっても）しんどいことですが、それでも、どうか今後なるべく長い間、自ら折り合いをつけるその日まで泣き叫び続けることができますように、と願っています。

私自身については生来「こらえ性がない」子で、幸いそれを大きな力で否定されることがなく生きてきたので、あまり心配ないように思いましたが、それでも内面に「目を背け、抑えつけている」ことがあるのに気づきました。それが、今これから書こうとしていることの大部分を占めること。同じ「障害児の親」として分類され、日々過ごしてきた「仲間」と、そして「障害児の味方」として紹介され日々付き合って来た「支援者」（いわば同じ釜のメシを喰ってきた仲間）の「非」を「告発」することです。

カウンセリング（セッション、と呼ばれます）の最中、気がついたら私はボロボロ泣きながら、同胞と思っていた人に対する怒りを叫んでいました。

ちくしょう、ちくちょう、こんな気持ち、言えっこないよ、親仲間と支援者だけには！

泣き終わると「ヒミツを打ち明ける」という以上にスッキリして何だか勇気がわいていました。何しろ「ヒミツ」の正体自体、その時やっと気づいたのですから。

私は結局、だれのサイドにもつけない。お愛想でもお礼を言って別れた人の顔に砂をかけ、また同胞として気持ちを許し合った友人の非を挙げ連ね、時には糾弾しなくてはいけない。たくさんのことを失い、ひんしゅくを買うだろう。けどいいじゃないか。それでもやる価値はある、やらなくてはならないことだという気がする。

きっかり十年、時が経ってしまいましたが、この時ハッキリと決意したのでした。

佐藤きみよさんと森香ちゃん

インクルーシブ教育、インクルーシブ社会、……心の中ではたこの足のように「可能性」が無制限に触手を伸ばしワクワクと希望がわき上がっていきましたが、日々の生活に追われ、私は自分の心の中のイメージを誰にも伝えたり分かち合ったりすることができないでいました。そんな時、安積さんから「人工呼吸器をつけて札幌で自立生活を送っている友だちが東京に来るから会いに来れば」と誘われました。佐藤きみよさん[33]です。人工呼吸器と言えば、少し前に『こんな夜更けにバナナかよ』（渡辺一史著、文春文庫[34]）という本を読んで「そうか、人工呼吸器を車いすや白杖のように使いこなして生活する人の暮らしって、こんなふうなんだ」と初めてイメージをもったところでした（そう、その本の舞台も札幌でした）。

安積さんはフィリピンの貧困に苦しむ人を支援するボランティア活動をしていて、その時知り合った「養育に必要な経済力のない両親のもとに生まれた赤ん坊」を引き取り、その佐藤さんに養子縁組を勧めました。佐藤さんは承諾し、その赤ん坊のお母さんになったというのです。すごいなあ、いい話だなあ。……気がついたら京王プラザホテルの佐藤さんが宿泊している部屋の前に一家で出向いていました。

照明を落とした部屋。人工呼吸器の規則正しい音の響き。横になっている佐藤さんと思われる

33

34

強烈なオーラのある女性と、傍らのお連れ合いの鋭い視線。何か非現実的な、映画の一場面を見ているようでした。座った姿勢だと呼吸に影響するためリクライニングした姿勢で過ごしている佐藤さんは、手鏡を使って相手の表情を見て話をしていると聞いていましたが、ドギマギしてどこを見て挨拶をしたらいいか分からない。名乗って、子どもたちを紹介してしまうと、後はまるで転校初日の小学生のように、ベッド越しに黙って佐藤さんと安積さん、訪れる人が語り合うのをただただじっと見ていました。やがて可愛い女の子が現れました。すぐ佐藤さんの娘・森香ちゃんだと分かりました。

数年後、佐藤さんが北海道新聞に連載していたコラムをまとめて読む機会がありました。内容もさることながら言葉そのものを何度も味わうことのできる美しい作品ばかり。その中でも、森香ちゃんの親になった当初の決意が描かれたコラムには、本当に励まされました。こんな内容だったと記憶しています。

泣いてたくさんの要求をする元気な赤ん坊を、抱いてあやすことができない。ミルクをあげられない。着替えさせてあげられない。母親になれない。……その切ない気持ちを、お連れ合い（森香ちゃんのお父さん）にぶつける。その時お連れ合いに「よくいる誰かと同じような母親像を描き、そうなりたいと思っている限り、いつまでもなれないに決まってる。たった一つの自分としての、きみならではの母親になればいいじゃないか」と返され、スッと納得した。佐藤さんは、母親として堂々と介助者に指示を出して、日々森香ちゃんの世話をし、子育てをする決心をした。そしてやがて言葉を話すようになった森香ちゃんは、佐藤さんを「ママ」と呼ぶようになった。

記事の掲載年から推測して森香ちゃんがトッキーと同い歳だと分かったとき、このコラムはさらに臨場感を増して心に響きました。状況は全く違いますが、ちょうど同じ頃、私は全く同じように「トッキーを抱いていればハルの世話はできない。もう二人を育てる手がない。もう母親でいることは無理」と絶望していたわけです。そしてその後初めて「介助」ということに出会い、教えられ、むしろ「母親ではなかった」自分に気づき、介助と子育てを仕分けし「自分は子どもたちの前では、常に（実際は残念ながら介助者である時間も必ず生じてしまうが）母親でいたい」と決意したのです。

その後、一度だけ数分お目にかかったきりなのですが、佐藤さんの存在は、いつも私を励まし続けてくれます。あの同じ頃「母親でありたいと決意をした」人が……子どもを産み落とした瞬間に勝手にそうなるのではなく、自ら母親とは何か悩み、感じ抜き、納得した上で決意して「母親元年を迎えた」人が、私の他にもいて、その人と巡り会うことまでできたのが、もう奇跡のように思え、ありがたくてならないのです。

第二章　二十年後の自分に会う～母であるより友人として

――平成十六（二〇〇四）年～平成十九（二〇〇七）年

Nobody's gonna kill your dreams or tell you how to live your life.

（キャロル・キング「♪チャイルド・オブ・マイン」より）

一　これを教育と言えるか

学習科目は「排泄」「食事」

平成十六（二〇〇四年）年春。ハルの小学校生活も二年目に入っていました。トルネード学童保育クラブでは毎日のように驚きと「希望」を感じる一方で、たけのこ学級での一年間は、驚きと「失望」の連続でした。とりわけそれを感じたのは「学習課題」。いわば「国語」や「算数」などといった「科目」に代わるものとして、「排泄（トイレ・トレーニング）」や「摂食（食事）」などの生活行為が設定されていたことです。

小学校にあがっても、療育センターで使っていたのとそっくりの「連絡帳」を書き続けなくてはならないこと、毎朝計測した体温や、排泄（尿・便、紙オムツにしたか・トイレでしたかなどと書かれており該当に○をつけるようになっている）や食事の記録、睡眠時間の記録などを、どんな状況の子であっても、保護者は一律に、その書式に従って毎日学校に報告しなければならないことは入学前の説明で知っていたし、違和感を感じながらも、こと細かに書いて持たせていました。

しかし、学校の通知表に書かれている評価の対象が「これら」であることだけは、どうしても受け入れがたいことでした。……どうやって排泄するか、どんな食形態で食べるか、それらはプライバシー中のプライバシーで、本人の自由であり必然であり、命にかかわるほどの理由がない限り、または当人が必要と思わない限り、誰にも報告する義務などないはずです。百歩譲って、これが何かあったときの責任の所在ウンヌンのために必要な協力だと認めたとしても、これらを「学習の課題」として「改善するように」「教育され」、ついには「いい／悪い、と評価され続ける」とは？

これは一体どういう教育なんだ？
そもそも、これは教育なのか？

このころ既にもちはじめたこの問いに、納得のいく答えを返してもらったことはただの一度もありません。誰もが疑問を感じながらも「そういうものだ」とやり過ごし、それを問いただす人も一人もおらず、今まで来たのでしょう。事実、私もあっさりと、こう納得してしまいました。

そうか。重い障害のある子は、未だに教育不能とみなされているんだ。体《てい》よく就学免除されているようなものだ。ハルが受けているのはどう考えても「教育」とは言いがたいものだ。そもそもハルには「教育」を受ける能力がないのだ。だとしたら仕方ないことだ。

一方で

もしそうだとしたら――「教育」がハルにとってどのみち無駄なことなんだとしたら、皆が暮らす近所の学校で一緒に生活するほうが、よほど意味があるのでは……。学童保育をごらん、あれはダンピングなんかじゃない。この、用意された場所のほうが、よっぽど……。

という気持ちも一層強まってきたわけですが。

今度は「丈夫なこと」でさらに排除される

冬場になると頻繁に「今日も廊下で課題をやりながら過ごしました」と連絡帳に書かれるようになりました。たけのこ学級の教室は、「体温調整の難しいお子さんが多い」という理由で職員室以外は、どこもびっくりするような高温に設定してありました。ハルはどちらかというと暑がりで、幼い頃は、真夏は背中一面あっという間にあせもができてしまうほどの汗っかきでしたので、この温度にとても耐えられません。結果、騒ぎ出すので廊下で個別に指導した、というわけです。廊下に一人出されるといっても、罰としてというわけでもないし、清潔で日当たりもいい場所でしたから、それ自体に文句をつける気はありません。他の生徒が一緒に過ごしている中、毎日当然のことのように自分だけいつも教室を追い出され、教室の中の物音を聞きながら別の場所で過ごすことを、ハルはどんなふうに感じていたか、ということです。

ある保護者会のとき。私がハルの車いすを押し、その後ろを同じようにたけのこ学級の先輩をそのお母さんが押して校庭を横切っているときのことです。菜花小学校の校長先生が通りかかって「おお、ハルちゃんは寒くてもいつも薄着だな、元気だね、えらいぞ」とほめてくれました。ハルは嬉しそうにニヤッと笑い、私も素直に喜んだのですが、その直後、背後で「たけのこ学級の生徒は薄着したくてもできない子も多いのにぃ、校長先生、ちょっとぉ（無神経だよ）」とたけのこ学級の職員が、先輩のお母さんに向かって同意を求めるように、ぼそっとささやきました。その職員にしてみれば、そのお母さんが悲しい思いをしているのではないかと危惧し、あわててフォローしたつもりだったのでしょうが。

インフルエンザなど感染症が流行するともう大変な騒ぎです。通常学級の子に対して「うがいをしましょう」「手洗いをしましょう」というのと同じ調子で必ず「外出するのはよしましょう」とキッパリ釘をさされます。ハルのように、放課後、学童保育クラブのような集団の場に通っている子はものすごく警戒され、流行がピークになると、たとえ感染していなくても学校側から「学童保育クラブは休めないか」、「できれば（もしも知らずに感染していて、他の生徒に感染させてしまったときのことを考えて）学校に来てほしくない」という強いプレッシャーがあります。確かに、生徒の中には「感染症がこじれると命にかかわるほどの大事につながる可能性が高い」と注意されている子もいますので、その気持ちは十分理解できます。一度は「休ませてもいいかな」と思ってしまったほどです。

でも、どうしてもハルがそうやって「排除」されている構図を素直に受け入れることが「学級運営に協力」していることとして当然の行いにされてしまうのは理不尽だと思ったし、その人権が侵害されることに加担する義務も権利も、単に母親であるというだけで私にあるはずがありません。でも、ハルの在学中に、もし級友の誰かが、まだこれからたくさん生きるはずの子どもが、ハルが持ち込んだウィルスや病原菌が原因で命を落とすようなことが起こったとしたらどうしよう、どうかそんなことが起こりませんように、と常に祈らずにはおられず、毎日そう祈らなくてはならない状況を恨めしく思っていました。

思い返せば、療育センター時代にも同じようなことがありました。「交流保育」と称して、月一回程度、近隣の幼稚園の子どもたちが遊びに来る日のこと。「あっ、あの子ハナ水を垂らしている（くしゃみをした）、やめてえ〜」「さわらないでえ〜、来ないで〜」と小さな叫び声で抗議する保護者が必ずいました。その保護者の目には「丈夫な健常児」は「病原菌そのもの」に映っていたのです。でも私も含め、その人の言葉を責めることのできる人は誰もいませんでした。その声は小さくて、幸い幼稚園の子どもたちには聞こえていなかったと思います。しかし、その幼稚園の子どもたちも、抗議しているその保護者の腕に抱かれている子どもも、知らずに深い傷を負っていたに違いありません。

ハル、転学願いをする

平成十七（二〇〇五）年二月。もうすぐ三年目に入るたけのこ学級の生活にハルはすっかりなじんでいるように見えました。もやもやした気持ちを抱えながらも親である私の中で、惰性にまかせ次第に問題意識は薄れていました。しかし、その私を改めて「その問題」に注目させるようなできごとが起こったのです。

この頃、「特別支援教育」の本格的開始に向けて具体的なプランが公に示されました。その内容をいくら読んでも「養護学校」が名称を変更して「特別支援学校」になるだけとしか思えなかったのですが、注意深く読むと大きな「改悪」がそこにありました。それは、「特別支援学校（当時の養護学校）」を「センター校」として各自治体に設けられた「特別支援学級」の相談機関（実質的な上層機関）として機能するように「格上げ」してしまったことです。

たけのこ学級にも施行を前にして一つの影響が表れました。

たけのこ学級の教師の中には、養護学校（現・特別支援学校）の教員免許を持つ人も、小学校の教員免許だけの人もいます。たけのこ学級が、母屋の通常学級とは離れた別棟にあり、設定された時間以外はほとんど相互に接触する機会がないにもかかわらず、少なくとも日常「ひとりの子ども」として扱われているように感じたのは、今思い返すとこの「障害児の専門ではない」普通の学校の先生の自然な振る舞いによるところが大きかったのではないかと思います。その「障害児の専門ではない」ところを弱点ととらえ、そのフォローのために「生活指導員＝保育士」「介助員」という別職とチームを組む体制になっているのも、この学級の特色の一つでした。

しかし、「特別支援教育への転換」が言われ始めた平成十五年（＝ハルが入学した年）から方針が一転、「より個別のニーズに合った専門的な教育を」という目的を掲げ、しきりに「養護学校経験者を雇い入れ、専門性を高める」「専門機関の助言を活かす」ことが強化され始めました。既に東京都の教育委員会が各市区レベルの教育委員会の上層部として大きな権限をもつようになっていたようで、そのトップダウン（都＝養護学校から市区＝心障学級への指導）体制への移行はとてもスムーズでした。

ハルが入学して以来担任だった教師も、まさしくその一人として、都立の肢体不自由養護学校から赴任してきた「ホープ」でした。私も含め多くの保護者たちに信頼の厚い人だったのですが、この頃、大きな問題が発覚したのです。「介助職」である内部の職員が見るに見かねて校長先生に相談したが聞き入れてもらえず、ついに保護者たちに告発したことで知ることになりました。その内容はこうでした。

その教師が、それまで対等であった児童指導員、介助員といった別職との協働を拒み、教員以外の職員に手を出さず待機するように（上司として）命じる場面が増えた。それは摂食（給食を食べる）も排泄（トイレで用を足す）も「学習指導」に当たるので、教職がその指導に当たるべきであるという自らの判断からだった。

すべてをその教師が引き受けることになった結果、自力で移動ができない子どもたちが、日に何時間も寝かされっぱなしにされる、忙しさにまかせて頭の上で大人に向けた怒号まがいの指示が飛び交う、生徒の持ちものを放り投げる……という異常な事態が日常的になっている。

私を含め、保護者は皆一様に驚いて抗議しましたが、その教師は終始「事実だけど、何が問題なのかさっぱり分からない」という顔つき。それをまた信じられない気持ちであきれて見つめるしかありませんでした（数年後、ハルを特別支援学校の中等部に入れることになり、やっと「ああ、あの教師は、それまでいた養護学校で普通に行われていることをそのままやっていたに過ぎなかったのだ、だからあんなにキョトンとしていたのだ」ということに気づくことになるのですが）。

　結局、何の対策もとられず、お咎めもなし。保護者の要請で、校長先生が状況を確認に来ても、民生委員の方が視察に来ても、結局、その目にその状況は「重い障害をもつ子たちなのに手厚く安全を守られながら充実した時間を過ごさせてもらっている。教職はじめ職員一同、普通なら無意味と人が投げてしまいそうなことに真摯に向き合っている。素晴らしいではないか」としか映らないのです。その教師は、もう一年間ハルの担任を続けた後、何もなかったかのように転任していきました。

　その事件のあとは、いくら「問題ない」「こんなに充実している」という話を聞いても、それを言う口が誰のものでも、全く信用することができなくなりました。なにしろ、そこに「集められた」生徒たちは、口が利けない（助けを呼べない／伝えられない）、自力で移動できない（逃げられない）子どもたちばかりなのです。ハルが入学したての小学校低学年の頃ですから、私もちょくちょく機会を見つけては熱心に学校に出向き、教室をのぞき、その教師とも何度も接していたのです。にもかかわらず、そんな状況になっているなんてこれっぽっちも気づきませんでした。ほかの保護者も同じように、事の内容と同じくらい「親の自分が、そんなことになっているなんて全く気づかなかったこと」にショックを受けていました。
「誰にも責められない、誰にも分かりはしない、という小さな甘えが積み重なって、やがて大ごとが日常茶飯になっても、子どもたちにはそれを伝えるすべが全くないのだ」……改めて気づいたとき、「何て恐ろしい環境なんだろう」と心底ぞっとし、「ハルをここに通わせてはダメだ」という気持ちが日増しに強くなってきました。夫・ヤマシタに打ち明けると、全く同感だと言います。

三年生に進級した直後「学べなくてもお客さんでもいい。敷地内にトルネード学童保育のある大根小学校に転校できないか」と教育委員会の転学窓口に相談に行きましたが、答えはにべもなく「Ｎｏ」でした。ではせめて「居住地交流（都立養護学校に通う子が、個人的に願い出て、居住する学区の学校で決まった曜日・時間帯に訪れ、給食を食べたり授業に参加したりすること[35]）」できないかと問いましたが、「今通っている小学校は居住地域（Ｍ区内）であるという認識」という理由で「Ｎｏ」でした。菜花小学校の校長先生は「ハルちゃんは毎日元気に大根小の中にある学童保育にも通っているようだし、顔見知りも多いのだろう。いいのではないか」と大根小学校に話してくれたようですが、大根小学校の答えは「制度としてないこと、先例のないことを引き受けることはできない」とまた「Ｎｏ」でした。

朝、大根小学校の校門の前でスクールバスを待っていると、よく「ねえ、ハルちゃん、そろそろ転校とかしてくる気ないの？」とおずおず聞いて来る子がいました。にやにや力なく笑い返すしかない自分が本当に情けなかったです。

35

医療は虐待であり産業である

この年の梅雨が開けたころ、私は日本水頭症協会の会報『ぱどる』で「いまどきの療育」と題して特集を組むことを決めました。

まだ乳飲み子だったトッキーがシャバに「飛び込んで行き」、ハルが小学校入学と同時に「特別に用意された場所」とシャバを「行き来する」ようになってから日増しに強くなっていく常識を疑う気持ちにどうしても答えがほしくなっていたのです。

これは一体どういうことだろう。今まで大してためらいもなくハルに勧めてきた「療育・障害児教育」とは何なのだろう。危険だ、無理だ、と言われ続けてきたシャバで、のびのび成長している二人をどう説明するのか。

もしかして現代の感覚にフィットした療育の利用法というのがあるのかもしれないよ。隔離もされず、シャバに身を置いたまま、発達保障もされる……というような。たまたまハルはそういった新しい動きから取り残された場所で教育を受けているのかもしれない。

そうあってほしい、と。まあ、これまでハルが過ごしてきた世界をすべて否定する勇気がないわけです。「わが子のために、よかれと思って選択してきたことが正解だった」と思い込みたいところが、たいがいの親・保護者同様、私にも強くありました。

そこで、今、一番新しい療育の姿を新進気鋭の専門家にそれぞれの分野について語ってもらうことにしました。しかし、それだけではどうにも足りない。

　発達保障なんて全く実体のないもので、皆幻想に振り回されているのではないか、という疑いもぬぐえない。「残念ながらご懸念のとおりです」と誰かにキッパリ言ってもらいたい。

　そういう気持ちが確かにありました。あれやこれやとネタを探すうち、『季刊福祉労働』という雑誌のバックナンバーの記事に行き当たりました。

　平成三（一九九五）年に、埼玉県の東松山市の社会福祉法人昴が運営する知的障害児通園施設（療育施設）「子ども発達センターハローキッズ」について、その理事長みずから「解体」を究極の目標に掲げ、施設の運営方針に明記した。昨年三月、「子ども発達センターハローキッズ」を閉鎖した。

「こういう場所を用意していたから集まってきていたにすぎない。解体したら、皆自然にそれぞれの地域に戻った」というのです。そんなことってあるんだろうか。

　その記事を手がかりに「これからの共生社会《療育》の姿を語り合う～分離生活のレールを敷かないためには～」と題して特別座談会[36]を企画することになりました。

36

一度でも、インタビューや座談会など人の話を聞いてそれを記事にまとめる……という作業をした人ならピンとくると思いますが、こういった企画をするとき、あらかじめ「この辺り」と落としどころを予想して、質問をいくつか用意していく必要があります（その予想は往々にして的外れだったりして、あわてます。それがまた面白いのですが……）。私が予想した「落としどころ」は、こんなものでした。

発達保障と地域でノーマルに暮らすための保障を両立するためには、「巡回指導」が、「同じ場で学ぶため」教育現場で応用されるのが最善策か。「巡回指導」は、障害や医療・福祉の専門家が、定期的に生活の場を訪れて様子を観察し、職員や保護者に必要なアドバイスを与えるというアウトリーチな発想[37]のサービス。トッキーの通う大岳保育園やハルの通うトルネード学童保育クラブでも、障害のある子のためのサービスとして提供されている。これを教育環境に応用して、指導員が巡回して必要な学習支援を行う、というのが、現状考えうる最良の対応……といったところかな？

座談会に集まってくださったのは、六人の方。まず想定した落としどころである「巡回指導」について現状を語っていただくため、豊島区の障害児保育巡回指導相談員である荒井聡さん。[38]そして、この座談会を企画したきっかけをつくってくれた「記事」の方、埼玉県立大学保健医療福祉学部社会福祉学科教授（当時）の佐藤進さん。[39]以前から一度お会いしたいと思っていた人、「障

39　38　37

害者問題」や「メンタルヘルス」の問題をいつも鋭く指摘する児童精神科医の石川憲彦さん[40]。他、新進気鋭の言語療法士、理学療法士の方と、もう一人、教え子の生活を支えようと志して、養護学校の教員を辞めて介護事業所を立ち上げた友人の関原和佳子さんも招きました。

この座談会で私が受けたショックは、並大抵のものではありませんでした。

まず、荒井さんからは「巡回指導をすればするほど、自らの専門性とは何だろうと感じる」と、専門家サイドから専門性を疑う言葉が出て驚きました。そして、オチたところは「巡回指導」どころではなかったのです。座談会が始まって十分も経たないうちに、話は「子どもの《幸せ》を親が勝手に決めてしまっていいのか」というテーマに及びました。石川さんは、こう言い切りました。

　かつては保護者が望んで、障害のある子に、男の子はパイプカット、女の子は幼児期からの男性ホルモン投与による女性性の廃絶、ということがその子のためと何の迷いもなく公然と行われていた。それを聞いて、何て昔の人は残酷なんだと思うかもしれないけれど、今、受けている療育のサービスも同じようなもの。親がわが子のためと勝手に決めつけやっているということに何ら変わりない。

当時は、いやそこまで……と素直に受け取ることがどうしてもできませんでしたが、今では一〇〇パーセント理解できます。石川さんは『心の病はこうしてつくられる』[41]（批評社）で「医

40

41

療そのものが虐待である」とキッパリ表現されています。後にそれを読んだとき、石川さんが、残酷行為そのものや療育への懐疑やリスクについて指摘する以上に、当人の意思とは関係なく人が人にしてはならないこと、人権について語っていたことに気づきました。障害のある人の人権はいまだに公然と踏みにじられていて、親はその先鞭を取らされているのだ、と。

佐藤さんは、「ハローキッズを解体するときどうやって保護者を説得したのか」という問いにこう答えました。

「これからは地域の時代です、なんて説教はしません。その子に何が幸せかなんてこともこちらが決めることじゃない。ただ、障害がある子だからといってそれまで見せなかったたくさんの選択肢を見せていった。責任もとらないと言った。それだけです」と言いました。

この言葉もにわかに信じられず、たまたま東村山市が賢く勇気のある人たちの多い土地柄で、だからなせる業だった特異な例ではないか、とずっと長いこと疑い続けずにはおれませんでした。また、佐藤さんは「誰もが療育や障害児教育がムダだと分かってもやめられないワケ」についても「経営者」の視点からはっきりと教えてくれました。療育の周囲で専門職や資格は増え続けているけれど、療育業界がなくなれば、これら専門性を仕事の動機・プライドとして働くたくさんの人たちが存在意義と職場を失うことになってしまう。だから、ひとたび産業になってしまったものは、無駄だと分かってしまっても、なかなかなくしてしまうことはできないということ。

それゆえ現場から疑いや存在価値を問いただす声もあがりにくいのだということ。

明らかに、療育は「治す」ための医療に属している。そして、医療は虐待であり産業なんだ。

ショック。新たに生じた大きな不安と同じ重さの期待。焦燥感。その日私は、脱皮したまだ身の白いヘナヘナのセミのような気分でした。

学校教育法が改正されたけど……

平成十八（二〇〇六）年ハルが小学校四年生の夏、学校教育法の一部改正が発表され、盲学校・ろう学校・養護学校が特別支援学校に一本化され、翌年から施行されることになりました。

そもそもこの法改正の大きな目的は、平成六（一九九四）年の「サラマンカ宣言」の批准実現のため、この国が行った「調整」でした。この中で最も強調されているのが「スペシャル・ニーズ・エデュケーション（当初は「特別ニーズ教育」と訳されていました）」という言葉でした。それまで「障害児＝機能不全がある子（Children with Disability）、さらに以前は機能不全児（Disabled Children）」と呼ばれていた「障害児」も「特別な支援を要する子（Children with Special Needs）」とされ、これまでのように障害像で分類して排除したり、別の場所を設けて違う教育を行うのではなく、すべて（障害のある子だけでなく貧しい子など例外なく）の子どもに必要な支援を保障しながら一般の学校で、皆で学べるように教育環境を整備しなくてはならない、すべての子どもにその権利がある、という主旨が随所で強調されています。明らかにその数年前、世界保健機構（ＷＨＯ）が採択した新しい障害の分類法である「国際生活機能分類／国際障害分類改訂版（ＩＣＦ）[42]」を踏まえたものでした。

「障害」の意味が変わった～「医療モデル」から「社会モデル」へ

これはそれまでの「障害」がもっぱら「本人の心身機能の状態」を示し個人の問題または欠陥や故障として捉えられていた（「医療モデル」と呼ばれています）のに対し、新たに「活動・参加」「環境」など社会との関係性そのものを「障害」とし、社会・公共の課題として捉える「社会モデル」を分類の要素に加えたものです。これは当たり前のことであるにもかかわらず、それまで誰もはっきりと指摘していなかった次のような「ものの見方」でした。

　障害というものは個人が努力して治す（更生する）ものではない。社会との関係によって解消されるべきことはたくさんあり、変化という点において努力すべきは（そして実際のところ解消の効果を示せるのは）社会のほうである。

しかし、残念なことに（というか変化を嫌っておそらくは故意に）この「特別なニーズ（Special Needs）」という言葉の意味が、この国に輸入された時点で、それぞれの障害の軽減（「克服」という奇妙な表現をされることが多い）に役立つ療法または特殊な学習法、つまりそれまで採用されてきた医療モデルを踏襲し、「障害を治す・軽減する」ことを「特別なニーズ」とし、療法や「障害種」別で分けられた学習の場を「特別ニーズ教育（学校）」とする、全く違うものにすげかえられてしまったのです。

新たに「分けられた」子どもたち

　特別支援教育開始に先立つこと二年の平成十七年、発達障害の人たちへの学習や就労の支援を自治体・公共団体に要請する「発達障害者支援法[43]」が施行されていました。特別支援教育での新しいサービスとして、これら新しい障害のある子の「ニーズ」と「特別な教育法」などが大きく取り上げられ、「学習障害」や「注意欠陥多動性障害」、「高機能自閉症」などそれまで聞き慣れなかった障害名が一気に「社会化」しました。しかし「特殊教育」という旧態そっくりそのまま、「教育現場で支援しましょう」と言われたわけですから、各自治体は、週に何回か、その「課題のある子たち」を別の学級、または別の学校の中に設置した「発達障害児用の特別支援学級」に集めて「通級」させよう、という対応しかとることができませんでした。今その子がいる学級・学校を「万人のための環境に変える」という発想はどこにも見当たらず、それまで学校に一緒に通っていた子どもたちも「特別支援学級という別の環境で特殊な支援（学習法）を受けるべき」となってしまったのですから、根拠となっている「サラマンカ宣言」の主旨とは真逆のありさまでした。

　そもそもこの時「文部科学省の調べによるとその数は学童全体の実に六パーセントもの児童が

43

発達障害である可能性が……」などと数の多さを強調しておきながら、自覚的に排除したのですから、これではどちらが「特殊」なのか分からない、とあきれてしまいます。「そのうち母屋（通常学級）に毎日登校する子の方が少なくなっちゃうんじゃないの」……ヤマシタが半分真面目に言った冗談です。

放置されていた「子どもたちの中にある苦しみ」と、それがおおよそどんなことなのかが社会に示され、次第に当人たちの声を聞くことができるようになったことが、唯一の救いでした。「通常学級で過ごしてきて毎日、どうしようもなく叱られ、いじめられ、傷つけられてきた子ども」に診断名がつき、困ってきたワケが分かり、自身に非も責任もないことを知ること自体は、その子やご家族、教員や周囲の人そしてその先の社会にとって、その後どんな工夫をしたらいいかどんな配慮があればよいのか自ら考え、感じるためにどんなに助けになることでしょう。

子どもだけでなく家族もどんなに傷つけられていたかは、当時、自尊心の置き場所を「知的な障害がない」というところに求める保護者がたくさんいたことで分かりました。「うちの子はバカにされていたけどバカじゃなかった」とやっと世間に胸を張れるようになったというわけです。救われた、と。でも、「診断された＝解決した」というのはあくまで親など当人以外の人の実感で、当人が困っていること自体は、診断される前と後では何ら変化してないのです。そしてその支援のゴールが、「別の場所に特別に設定されたところで行われる」ことである意味は？　その意図を説明しようとしたら、やはりこうなります。

一生涯、あなたたちのような人がイヤな思いをしないでのびのびとやっていける特別な場所を用意してあげますからね。あなたたちのような人はそこで暮らすのが一番幸せなのよ（障害児の仲間にしてあげましょう。健常児のお邪魔にならないように、健常児に邪魔されないように、こちらへどうぞ）。

ひとたび排除の制度が整えば不可視な存在として忘れ去られる、その流れには決して抗えない。新しく「分別された」子どもたちが、たくみに透明な壁で覆われたパラレル・ロードにいざなわれているのを見ると、ハルや同年代の友だちが「障害児コース」に乗せられてきた経緯と酷似しているのにぞっとしました。

排除の方程式

診断をどう「利用」するか。現状ではもっぱら「（今まで気づかなくてごめんなさい）。ここではお子さんに対応できないことが分かりました。対応できる場所はあちらに用意しましたので安心してください」と仕組みを伝えるために「診断」は、使われます。いじめや不登校のときと全く同じ。「（ここにいては気の毒だから）あちらにお行きなさい」と勧められ、追い出されるのは、決まって困っているほうの子どもです。

新たに診断され「障害者」と認められた子、いじめの被害にあう子、登校を拒否する子、登校できない子、……そうして排除される子の数がどんどん増加しているなら、まず環境のほうに不備があると考えるのが自然です。不備や課題があることを認めた上で、その環境を変える努力をなぜしないのでしょう。

教育に限ったことではない。この国は長寿とともに、残念なことに自殺する人の数がおびただしい[44]ことで世界的に有名ですが、これも全く同じです。もし毎年疫病で死ぬ人が同じくらいいて、さらに増加していったとしたら大騒ぎになるほどの数ですが、排除され自ら命を絶つ人が多いという事実を正面から受け止め、環境の側がどう変わればたくさんの尊い命を救えるか、この国が、真剣に考えている様子は全く見受けられません。

「困難なこと」＝「達成すべきこと」？

もう一つ「特別支援教育」にはウリがありました。前にも少し触れましたが、それまでなかったサービス（通常学級ではないサービス）として、年次の「個別支援計画（ＩＥＰ）[45]」の策定というのがあります。これは、米国の障害児教育のシステムをそっくりそのままお手本にしたもので、要するに通知表に記載する学科と評価基準が一律だと評価しにくい。個別の支援なのだから、個別にこれを設定する、という通知表の「もと」みたいなものです。つまり「達成すべき課題」は普通教育における「学科」に相当するものです。その計画には「課題」と「それを達成するための手だて」が細かい字でびっしりと書かれています。

私は、今よりもっとずっと無知で世間知らずだった当時にしても、特殊教育（特別支援教育）を「治療教育」だとはみなしていませんでした。療育センターで受けたようなＰＴ（理学療法）

44

45

やらOT（作業療法）やらのサービス（効果のほどは疑わしいけれど、まあ体育や図工の授業の代替品だと思えばいい）を引き続き週に何度か、または日に数十分受けるのは構わない。けれど少なくとも学校に通うのですから、メインに置かれるのは教育（文字を覚えたり、数を覚えたり、社会のなりたちを学んだり）であり、それを普通とは違うペース・方法で、工夫して学ぶ場所なのだろうと思っていたのです。しかし、いつまでたってもそうはならない。鉛筆を持つ機会さえ与えられない。

ハルはものを保持する力が弱く、鉛筆を握っていることができません。療育機関（と家庭）から学校側への、そういった「できないことリスト」の申し送り・引き継ぎは完璧。でもこの手を支えて書くことを経験させようという人はいません。支えられて書くこと、それは「機能回復・障害克服について何の意味もないこと」とみなされるからです。

自分ひとりで扱えない道具は与えない。扱っているところを見せもしない。人の手助けがあっては「できた」ことにはならないから。

どこまでも「まず、その道具が扱える機能に近づけるため、身体機能を改善するための訓練をする」という考え方、つまり医療モデルなのです。

参観のときに、ある教員が誇らしげに私に見せた「絵本を読む」という授業を例に挙げましょう。絵本は内容を学んだり楽しんだりする目的で使われません。まず「立位（立っている姿勢）」

など、ハル本人にとっては綱渡りをしているように感じるほど不安定な姿勢をとらされます。次に、その姿勢を保つ「モチベーションを高める」ために「絵本」が（とりわけ本人が気に入った、好きだと分かっているものが選ばれる）利用されるのです。ついでに「腕を上げる角度を広げる機能を高める」ため、その絵本は高い位置に置かれます。さらに……。ハルは眼球の運動が生まれつき弱く、特に右目を意識に合わせて中央から外に向けることは困難です。常識で考えれば、この「特別なニーズ」を支援しながら学習するのであれば、見えやすい左のほうにその絵本を置くよう配慮しますよね。しかし、「右目の眼球運動機能を少しでもうながし、強化するために」という理由で、絵本や教材はもっぱら右（見えない・見にくい側）に置かれるのです！　これは機能訓練の場だけのことではない。学校生活全般全てにおいて、こうした扱いを受けるのです。

期待に胸をふくらませて入学してきた小学生が、このような仕打ちを毎時間毎分くり返されたらどう感じるか、どうなっていくか想像してみてください。しかも誰にも悪意はなく使命感さえもって行われている。まるで医療のようですが、少なくとも、医療行為は十分ではないにしても、メリット・デメリットはじめあらゆることが公の場で慎重に精査される仕組みをもっています。ここにはそれもありません。

要するに、すべての課題は「本人がどうしてもできないこと、できにくいこと」に設定されており、すべての教材・カリキュラムは、それを「軽減（克服）するための手技や療法」のためだけに用意されているのです。これが「教育法」「学習」と呼ばれ「専門性」と言われているものの正体です。

よく「スモールステップ（達成段階を細かく設定し本人のペースで一歩ずつ学んでいく）」という言葉が療育・障害児教育の場で便利に使われ、それが合理的配慮だと思っている向きがあります。しかし「困難なこと」＝「達成すべきこと」という前提である限り、スモールであれスローであれ、無茶苦茶な注文をつけられ続けることであり、たとえ何もかも犠牲にして血のにじむような努力をした末、一つの小さなステップを登ることができたとして、ささやかな賞賛の言葉の次の瞬間にはもう、次のステップを登るための努力を強いられるはずです。一体それに何の意味があるというのでしょう？　人の一生に与えられた時間には限りがあり、とりわけかけがえのない子ども時代は二度と取り返せないのです。そしてどんなへ理屈や効用や大義やらをこねられたとしても、している行為そのもの（＝子どもたちが受けている仕打ち）は紛れもなく虐待です。それによるダメージは計り知れないものです。

二　共に生きる決意の頃（社会も私たち家族も）

ハル、三メートルのがけを転落する

平成十八（二〇〇六）年の夏休みが始まる週末。既にわが家にとっては恒例となっていたトルネード学童保育クラブの父母会主催の二泊三日のキャンプに、ハルは、ヤマシタと参加することにしました。実はこの年は参加することを迷っていたのです。

迷っていた理由の一つはハルが既に四年生だったこと。M区の学童保育クラブは三年生までが対象ですが、障害のある子に限り六年生まで居続けることが認められています。半年前、同学年の皆と一緒に「卒所生」として「卒所式」に列席し「卒所証書」をもらいながら、私とヤマシタの決心がつかず、一年間延長していたハルは、在籍している子でありながら、OGとして参加するという何とも奇妙な状況になりました。

もう一つは、この夏、トッキーが手術を控えていたこと。

ここで、水頭症とシャント術という治療についてざっと説明をしましょう。多くの水頭症の人は、最もポピュラーな治療である「シャント術」を受けています。頭蓋の中では、髄液という水が溜まっており、そこに脳みそがぷかぷか浮いています。髄液は、脳内で生成されては、決まった水路を循環し、老廃物を取り去ったり栄養を運んだりし、やがて吸収されることをくり返しています。この水路が狭かったり、（生来、または血塊や腫瘍により）ふさがった箇所があるせいでその循環がさまたげられたり、あるいは吸収する力が弱かったりすることで、髄液が過剰に脳内に溜まってしまう状態を総じて「水頭症」と呼びます。

髄液がどんどん溜まっていくと脳内の圧力が上がり、脳みそを圧迫して傷つけてしまいます。血塊や腫瘍など水路をふさぐものを取り除けば解決するケース以外はシャントチューブ（排水路、細くしなやかな管）と排水量を設定（水道の蛇口の役割）するシャントバルブを設置します。このセットをシャントシステムと呼びます。お腹も頭蓋内の髄液と同じく「腹水《ふくすい》」が溜まっては吸収され、臓器を衝撃から守っています。この水溜まり同士でバイパスを作り、その人に一番適した一定量を測りコンスタントに排水する、というわけです。原因を見極め取り除く「根治治療」ではなく、最良の状態を保つ「対症療法(46)」と言えます。

さて、生後わずか一週間でシャントシステムを設置したトッキーは、チューブの長さが足りなくなるめやすとして「身長一〇〇センチになったら長いものと入れ替える手術が必要」と言われていました。半年前「あんなにグルグル巻きに入っていた」チューブがわずか数センチになっているCT画像(47)を確認し、ではお姉ちゃんが夏休みの時期に……、ということになったのです。保育園も年長さんの年は何かと忙しいだろうし、術後しばらくは体調が定まらない可能性もあるしで、年中さんのこの夏はちょうどよいタイミングでした。この手術の予定が学童保育のキャンプ

46

47

のちょうど一週間後に控えていたのです。

さんざん迷った挙げ句「おそらく、ハルにとって最後のキャンプになるだろうし」と、急きょ参加させることにしました。例年だと、同行する女性ボランティアを二名募集し準備万端で行くのですが、この年はバタバタして人が見つからず、女性一名では体力的にキツいので、トイレや着替えはヤマシタが引き受けるという条件で、ふだんトッキーの介助を引き受けてくれている男性に、滞在中の移乗や車いすを押すボランティアを頼みました。

ハルがヤマシタと出かけて行った直後から、何か胸騒ぎがしてならなかったのですが、トッキーと二人、家で過ごすという珍しい状況に慣れないせいだろう、と気に留めませんでした。

トッキーとふたり静かな夜を過ごした翌朝の日曜日、電話のベルが鳴りました。「ハルちゃんが今朝、ガケの上から車いすごと転落しました。さっき病院に運ばれましたが、大声で泣いていて意識ははっきりしているし、骨折など大きなケガはないようです」という学童保育クラブのお父さん仲間の声。頭が真っ白。いろいろ尋ねましたが、はっきりとしたことが分かりません。数時間後、ヤマシタから連絡がありました。

ハルは、数名の子と一緒に早朝、虫取りの散歩をした。介助の男性が、子どもに虫について何か尋ねられ、手を貸そうとして「うっかり」ロックをかけずに車いすの持ち手を離してしまった。そこはゆるやかな坂で川から切り立った三メートルのがけ。ハルは車いすごとあっという間に川に向かって真っ逆さまに転落した。車いすが体を守るかっこうになって、大きなケガはなく、頭のCT画像も撮ったが、シャントにも異常なかった。ただ転落の衝撃で自分の歯で口を思いきり噛んで切って血まみれだ。ショックを受けているが、意識ははっきりしている。もう病院からキャンプ場に戻った……。

車いすの持ち手を預かっている人が、そんな「うっかり」をするわけがない、と思う人が多いでしょう。なんてひどい人物だ、と。でも、ハルやトッキーと過ごしてきた十年近くの間、大事には至らなかったものの、何度も同じような「うっかり」を自ら経験してきた私は、驚くより「ああ、ついに。ついにその日が来てしまった」という気持ちでした。その介助の男性は、責任感があり、若いのによく見聞きし感じて行動する心優しい人でした。遠足や旅行など、ふだんと違う状況で子どもたちと一緒にいると大人も「ついついはしゃいだ」状態になり、介助者であることを一瞬忘れてしまう……、そういう気持ちも、まるで自分のことのようにハッキリ分かります。とてもその人の非を責める気持ちにはなれない。むしろその人のことだから、いま自らを責めに責めて苦しんでいるだろう、大丈夫だろうか、と心配になりました。

しかし同時に母親としての狂気も心の奥底で煮えたぎり、「体をぐるぐる巻きにして車いすにくくり付けて同じがけから突き落としてやろうか」と思う自分もいました。先に帰されて、夜のうちにお詫びをしようと寄ってくれ、私の顔を見ると言葉を失って目に涙を浮かべているその人を前に、私はどうしてもその場で何も言ってあげられず「ごめんなさい。落ち着いたら連絡するから。今、ちょっと何も考えられない……」と言ってドアを閉めるのが精一杯でした。きっと般若の面のような顔だったに違いありません。
結局その夜皆と一泊し、翌日帰って来たハルは、口の周りが歯形に腫れ上がり見るも無惨な姿でした。近所の形成外科に連れていこうと車いすに乗せると、怯えたように泣き叫びました。

ついに。ついに事故が起こってしまった。ハルが「介助」に不信を抱き、怯えて二度と車いすに乗らない日が来てしまった。外に出なくなる日が来てしまった。

胸がかきむしられる思い。「抱きかかえてタクシーで行こうか」とも思いましたが、あきらめきれない気持ちが勝ち、私はふたたび鬼のような顔で無理矢理ハルを車いすに乗せて、緑道の先にあるその形成外科まで押していったのです。ハルは道中腫れ上がった顔で恐怖のあまり、わんわん泣き叫び続けていました。ハルは私に「勝手に私の気持ちを決めないで。あきらめたくないんだ」と言いたいのだろうか、それとも「もう怖い。信じられない。あきらめたい」と伝えたいのだろうか。……すれ違う人は一様に不審な顔でこちらを見、私はそれを無視するようにまっすぐ前を向き、早足で歩いていましたが、心の中では「助けて！　誰か私を助けて！　どうしていいか分からないんです」と救いを請うていました。
救いの手を差し伸べたのは形成外科の医師でした。名前を呼ばれて診察台に上がると、ハルは泣くのをやめました。紹介状をあらかじめ読んでいた医師は「キャンプで？　はあー、派手にやっちゃったなぁー」と「やんちゃな小学生にはよくあること」といった感じでフフッと笑いながらハルに話しかけながら、あっという間に傷の治療をしてくれました。ハルは治療を受ける間、驚くほど落ち着いていました。それを見て私もやっとわれに返りました。

ハルは、もちろん信じていた大きなものを一つ失って恐怖でいっぱいの気持ちだけれど、それ以上に勝手に私がハルの気持ちを断じて「決定して」しまうことのほうを怖れているのかも。いつもそうしてきたかもしれない。そういう存在なのかもしれない。私はハルにとって「コマンダー」になってしまっている。学校のことだって……。

それからも、私は何度も「無理をさせているのだろうか。シャバで暮らすのをあきらめるべきなのか」という気持ちをハルに抱き、どうしたらいいか分からなくなることがあります。ハルが自分に関するすべての決定権をすすんで投げ打ち私に委ねているような気がして、重圧でおかしくなりそうになることもあります。

しかし「ハル（人）の真意」などというものは確固として存在しないのです。それは毎分毎秒更新され、一時も一つの形に留まっていないでしょう。私がいずれとるべき唯一の態度は、「私はハルではないから皆目、分からない」「責任をもたない」と、ハルと世間に向かって表明することなのかもしれません。でもその時、ハル自身が「意思のない人」として事実上この世から黙殺される存在になってしまうとしたら……。

トッキーの「シャント」入れ替え手術

事故から一週間、わが家はトッキーの手術のための入院の日を迎えてしまいました。ハルは傷の腫れが引いてきて、車いすにも動揺せずにいつもの調子で乗れるまでに回復していました。入院は大部屋でしたが、一人分のスペースに簡易ベッドを置ける余裕が十分あったので、入院中は私も泊まり込むことになりました。

手術は、最初にシャントを設置してくれた主治医の執刀で予定どおりスムーズに終わりました。トッキーも頭に絆創膏をつけているだけで、とても元気そうに見えました。

手術後は「手術がどうだったか」や「今後気をつけるべきこと」などの説明を主治医・執刀医から家族が受ける機会が必ず用意されます。その説明のとき、主治医はデジカメを取り出しテーブルの上に置きました。何とそこには手術中の様子を撮影した画像が。「これがトッキーですか?」……よく医療ドラマに出てくるようなブルーのシートに覆われた頭部。メスを入れる部分だけ四角く肌が見えています。ヒフがごっそり切り裂かれ、中身がきれいに映っています。まるで肉屋の陳列棚です。「これ、トッキーの、ですか……?」くり返し、信じられない気持ちで聞いていました。「そうです。ついさっきの、トキオさん」と主治医はニコニコして答えます。

なぜ主治医がそれを見せてくれたのでしょう。私もヤマシタも、ハルの誕生から場数をこなして「水頭症」とか「外科手術」ということにすっかり慣れてしまって、近所の床屋さんにでも行くような気軽な態度で振る舞っていました。おそらくそんなわれわれを見て危惧してのことだったのだと思います。手術中、全身麻酔をして痛みを感じなくしていても、体の負ったダメージがチャラになるわけではありません。私たちがこなしてきた「場数」は私たちのものではなく、すべて一つひとつ、ハルやトッキーが命を賭して乗り越えてきたものです。実際にはどれだけ深刻なダメージがあったのかを十分想像し感じた上で、トッキーのもとに戻ってほしい、と願ってのことだったのだと思います。石川憲彦さんの「医療は虐待である」という言葉が実感をともなって心の中で響いた日でした。

トッキーは、味わった痛みを十分に想像した私たちに思い切り心配されながら、めきめき回復し予定どおりに退院し、元気に地下鉄に乗って家に帰ってきました。翌日にはもう保育園の部屋に、「ウォー」と腕を突き立てながら戻っていきました。

「文化」のこと

M区では、区立保育園の運動会は秋にあります。前年までは公園でやっていたのですが、この年からは近所の中学校のグラウンドを借りて行うとのこと、どことなく「本格的」な風情になりました。トッキーが皆と一緒にお遊戯の振り付けを踊っているのを見て、保護者仲間の中には、私やヤマシタより興奮して「えっ！　すごい！　すごいね、トッキー」と拍手をしてくれる人もいました。「みんなついこの間まで赤ん坊だったよなぁ……」。私もクラスメートの一人ひとりの成長ぶりに目を丸くし、手が痛くなるほど拍手をしていました。

その日は、ハルの「こども定期演奏会」の日と重なっていました。これは都内のコンサートホールが主催している「小学生向け」のクラシック演奏会で、クラシック音楽の「親しみやすい」部分をうまくピックアップして、指揮者が解説しながら決まった交響楽団が演奏してくれるというプログラムです。ハルは二年生で行き始めて以来、毎回とても楽しんでいました。他の子たちと同じように保護者である私が同行していたのはもちろんです。この日も絶対にそうすべきだったのですが、たまたまその日、引き受けてくれる介助者がいて魔が差したのです。その人は当時ハルが最も信頼していた才能あふれる頼もしい若者でした。トッキーの運動会を観に行きたい気持ちに負けて、私抜きで便利に介助者を保護者替わりとして使ってしまった……言いかえれば、まだ小学四年生のハルを介助者とひとりで行かせてしまったのです。

ハルは、この年から担任になった教員が「声をあげること」を執拗に奨励したことも手伝って（何か障害児教育界での一過性の流行だったのでしょう。迷惑な話です）、せっかくトルネード学童保育での生活で培った「場をわきまえる」ということが難しくなってきていました。加えて事故以来、いわゆる「音声チック」（ひとたび声を出すと本人の意識とはかかわりなく、しゃっくりのように声が止まらなくなる）が増えていたので、その介助者には「ここのところ、唐突に大声で騒いだりすることが増えたので、もし少しでも大きな声をあげはじめたら、係の人の注意を待たないで、迷わず会場の外に出てね。クラシック音楽のコンサートはそういう文化だからね」と念を押しておきました。

運動会でお弁当を食べて楽しく三人で帰ってきて、トッキーが昼寝をはじめたころ、ハルと介助者が帰ってきました。二人とも真っ青な顔。よく見れば介助者は目を赤く腫らしています。すぐに何か恐ろしいことがあったのだと分かりました。「何かあったの」と聞くと、ぽつぽつと顚末を話してくれました。

今日は、何周年かのお祝いプログラムで会場が華やいでいて、ハルちゃんもしおりをもらってウキウキしていました。クラシック音楽の優秀な子ども演奏家が得意な曲を披露するという内容でした。音楽会が始まると、数曲目、バイオリンのソロの演奏でハルちゃんがそれをとても気に入って大声で笑い始めました。お母さんからの指示があったとおり、ハルちゃんに声をかけて迷わず会場の外に出ました。あきらめて帰ろうとしていると、係の人が、防音効果がほどこされたガラス張りの部屋があるので、そちらで観て行かれますか、と声をかけてくれました。謝ってから「そうしようか」と相談していると、血相を変えた高齢の女性が追いかけてきて、いきなりハルちゃんを指差して「なぜこんな子を会場に連れてくるのか。演奏している子どもの晴れ舞台が台無しではないか」とまくしたてたのです。ハルちゃんはショックのあまり固まったようになりました。さらに私をお母さんと勘違いして「どういう神経の母親か」と責め始めました。あまりの一方的な言葉の暴力に謝る気持ちにもなれず私が黙ってしまうと、係の人が間に入ってくださり、その女性は何とか気持ちを収めて席に戻りました。そのあと、係の人が手伝ってくれてハルちゃんを車いすごと階段を上げてくれガラス張りの部屋で最後まで鑑賞して帰ってきました。

すぐにそのコンサートホールに電話をすると、担当の人は丁寧に対応してくれました。追いかけてきた高齢の女性は、いつも舞台で曲や楽器の解説をしてくれる指揮者のお母さんだということが分かりました。今日出演した才能のある子どもたちは、その人を「おばあさま」のように慕っている関係だということです。

事情を聞いて、私は担当の人に、ハルが大笑いしてしまったときソロを弾いていた女の子に宛てた手紙と、追いかけてきてハルをなじった女性に宛てた手紙をそれぞれ渡してほしい、と頼みました。

女の子に宛てた手紙にはこう書きました。

大舞台でとても緊張していたのに、笑い声が聞こえてとても悲しかったでしょう。ごめんなさい。でも娘は演奏が気に入らなくて笑ったんではなくて、本当に素晴らしい、と思ったから嬉しくて笑ったのです。それを知らせたくて手紙を書きました。素敵な音をありがとう。

もう一つ、ハルを追いかけてきてなじった女性に宛てた手紙には、まだ小学生の子どもを、ひ、と、り、でコンサートに行かせてしまった非常識を詫びた上で、叶いそうもない無理な願いをつづりました。

介助者のとった行動は適切でした。面と向かって娘に浴びせた言葉については、子どもに言うべきものとは思えない。娘は心に生涯癒えない傷を負いました。二人に謝っていただきたい。

　案の定、女性に宛てた手紙の返事は、息子である指揮者から帰ってきました。高齢ゆえ、このようなご指摘には耐えられないと思うので、どうかご容赦いただきたい、という内容です。その手紙の中で「自分も指揮をしていて、何かそちらの方角からノイズがする、とちらちら気にはしていました」という文章がありました。そう。クラシック音楽鑑賞の現代における文化に忠実な演者にとっては、賞賛の声も、音に酔いしれて思わず口について出てしまうためいきも、拍子を取る指の音も、全てノイズに聞こえてしまう。声や音を立てる人は鑑賞できない。それは正真正銘、文化。文化である以上、それは尊重されるべきです。要はそれを自分が受け入れるか、捨てるか、という問題なのです。

　そのコンサートホールの設計は素晴らしく、大所帯の演奏でも一つひとつの楽器が単独で音を響かせることができます。私はクラシック音楽の大ファンというわけではありませんが、そこの音を楽しむのが好きで、そのホールにはちょくちょく通っていました。ちょうど自分用に買っておいたその事件の一カ月後の公演の前売り券が手元に残っているのに気づき、迷いましたが出向きました。その時ロシアのピアニストが奏でたチャイコフスキーは、今まで聴いたことがないような情趣のもので、自然に涙がボロボロとこぼれるほど心に響きました。

　その日は、この文化との決別の日。それ以来、私はクラシック音楽を楽しみにコンサートホールを訪れたことはありません。これからも決してないでしょう。

その数日後、嬉しいハガキが届きました。ハルに宛てたその手紙の差出人は、バイオリンのソロを弾いた女の子でした。そこには、こう、書かれていました。

ハルコさん、定期演奏会で私の演奏を楽しんでくれてありがとう。とても嬉しかったです。今度○○で演奏します。ぜひ、観に来て下さいね。

そう。文化は新しい成員の気持ちや表現を吸収し、日々変化し育ち、時には新たな文化として生まれ変わるものでもあるのです。

「バリアフリー新法」がもたらした新しい公共

この年の暮れ「バリアフリー新法[48]」が施行されました。「高齢者、身体障害者等が円滑に利用できる特定建築物の建築の促進に関する法律（旧ハートビル法）」では認識不十分だった「交通アクセシビリティ[49]」にも着眼した上で「高齢者、障害者等の移動等の円滑化の促進に関する法律」として策定されたものです。この法律によって「公共」という言葉の概念が変わりました。それまで「不特定多数の人が使用する場所」という意味だった「公共」が「すべての人が使用できる（べき）場所」と前向きに変化したのです。移動の保障（アクセシビリティ）という発想が乏しかったそれまでは「障害のある人も（が）使う建物」をバリアフリー化し、そこへの移動手段

48　49

を考えるという消極的な構図しかなかったのですが、移動困難の解消を考え整備するうち、「そうか。アクセシビリティを考えれば、誰でもどこにでも行き利用できるようになる。行くことができるようになれば、おのずとその先が利用できるように整備される」という逆転の発想が生まれたのです。

それ以前は、公共にあって「障害のある人」は「不特定多数のうちの一成員」としては認められず、「特別に配慮された条件が整った専用特定の空間を設けられ、そこで過ごす特定少数」として認識されてきました。しかし公共が「すべての人のもの」とあらためて示されたため「障害のある人」も「すべての人のうちの一成員」であることを「あ、そうか」と理解しやすい。さささいなことのようで、この言葉の概念の変化の影響は大きいものでした。

この法律が現れて以来、こうして、「障害を克服する努力は、むしろ公共（環境）のほうがすべきこと」ということが社会通念となって、具体的に一気に実行されていきました。「障害はその人が《もつ》ものであり、《もつ》人本人が責任をもって克服すべき、という考えはもはや通用しない。その人はそのままの姿で、人として社会の成員として等しく生きるべきである」という感覚が広く浸透していき、またその「皆がそのままの姿で居合わせることができる」空間がどんどん増していくことで、成員のバリエーションは増え、出会いを生み、公共の姿はみるみる変わっていき、それがまた一人ひとりの感覚を「現実」に見合ったものに育てていき、公共がますます成熟して……見ていて胸のすくような変化でした。その様を指してよく、こう人に話したものです。

まるでこの町の人全員が、長年ゴー・サインが出るのを無意識のうちに心ひそかに待っていたみたい。

それは、もう一つ「障害のある人自身がその原因を軽減するのは不可能である。本人が軽減可能（可変）なものは、障害とは呼べない」という「障害」という言葉の新しい定義も生み出しました。治るのは「病」、治らないのが「障害」だという分類です。公共・環境のほうが、やっとそれを「不可能なことだ」と認め、その上で動き出したことが非常に重要です。

例のステージモデルを思い出してください。これは公共がやっと「障害を受容した」第一歩というわけです。

ハル、十歳になる

それにしても、振り返るのもおぞましい、ひどい一年でした。心身ともにヘトヘトになり、秋、ついに日本水頭症協会の会報『ぱどる』を休刊した私が、たった一つ楽しみにしていたのは、十二月に迎えるハル十歳の誕生生パーティーでした。半年前からあれでもないこれでもないと大騒ぎして考えた結果「前夜、ディズニーリゾートの中にあるホテルに一泊し、乗りものや夜のショーや食事をゆっくり楽しんで、次の十年に備えて、夢の世界にどっぷり浸ろうじゃないか」ということになりました。

「ディズニーリゾート・フリーク」と言われる人たちは、年間パスポートを求めて毎月のように訪れるこの場所ですが、私もヤマシタもふだんあまり「夢の世界」に興味がなく、わが家ではめったに訪れることはありません。酸っぱくても苦くても「現実」が大好きなタチです。

でもハルの「十年」を考えるとき、私の中で最初に思い浮かんだ言葉は「お疲れさま」でした。「本当にお疲れさま。本当にハルはタフで運が強いと思う。でもちょっとここでエスケープしよう。夢の世界に浸りきろう」……ひとけた最後の年に体と心に大けがを負い、それでもまた不死鳥のようによみがえったハル。

当日は小雨がぱらついていましたが、それはそれは、たくさんの「夢と魔法」を無心で楽しみました。驚いたことに、いつもイヤというほどハルに対抗意識を燃やすトッキーまで「主役はアンタ」とばかり、その日は懸命に遠慮していました。

夜の一番大きなショーは、トッキーがついに自制が過ぎて音《ね》をあげヤマシタと部屋に戻ったので、ハルと二人きりで顔を並べて見ました。心のこもった本物のショー。完璧な夢と魔法の世界。レインコートを着て魅入っているハルの顔。打ち上がる花火が小雨のしずくに反射してキラキラと様々な色に輝きます。私も同じものを見て同じようにいろんな色に輝きながら胸を高鳴らせていました。私はハルとの十年を振り返るでも懐かしむでもなく、むしろその日その時はそれをすっかり忘れて、ハルとの「今この瞬間」を味わい楽しんでいました。雨と涙で顔をぐちゃぐちゃにしながら。

国連・障害者権利条約が採択された日

翌日。誕生日当日。ニューヨークで国連が「障害者権利条約[50]」を採択していました。後に、これを読んだときの感想は「驚き」のひとこと。これが既に世界が公認しつつある常識？……ものわかりのよくない私が、障害のある二人の子どもに恵まれ、たくさんの出会いに恵まれ、十年かけてやっと発見した「誰にどうやって分かってもらえるだろうと途方に暮れるくらい斬新なこと」と思っていたことが、そこには世界の基準として書かれていました。それは「障害のある人」を主体にすることで、あまねく人類にとっての「人権」というものの概念と具体像をあらためて示したもので、私にこう気づかせてくれました。

　そうか。これまで慣習的に障害のある人は《人間》として認められていなかったんだ。いわゆる条文や宣言の最初によく出てくる、あの世界人権宣言にも出てくる《全ての……（国民、子ども、女性、などなど）》に含まれていなかったんだ。それはおかしいでしょう、と改めて指摘し、同じ《人間》であり等しく《人権》をもつことを確認するものなんだ。

　「彼ら」という認識は、勝手につくられ強いられた思い込みなんだ。

「彼ら（障害者）の」と冠した条文であるにもかかわらず、その一番大切なことを教えてくれたのです。

50

三　これは彼の意思

トッキーの「六歳の春」前夜

平成十九（二〇〇七）年四月、試行期間に大した収穫も見直しもないまま、ほぼ最初のプランどおりの形で特別支援教育が開始されました。

わが家にとっては二度目、来年のトッキーの「六歳の春」に向けて具体的に動き始めなくてはならない時期でした。ハルが三年生で転校を願い出たときの教育委員会のにべもない対応を思い出し、それは気が重くなりましたが、この頃読んだ「障害者権利条約」が与えてくれた高揚感が、背中を押してくれました。そこには「住みたいところに住み、共に学ぶ権利」が、同じ人間として当然もつべき権利としてハッキリと書かれており、もはや私が感じていることは、奇異なことでもなんでもない、むしろ最も常識的で現実的なことなのだという自信を裏づけてくれました。

トッキーは「普通小学校に行きたい」わけでも「通常学級に入りたい」わけでもありませんでした。たいがいどの子も同じ気持ちだと思いますが、「保育園のみんなと一緒に、大根小学校（最寄り、学区の小学校）の一員になる」ことが当然だと思っていただけなのです。行けないと言われても、どうしてそんなことを言われるのか全く分からなかったと思います。

私もヤマシタもトッキーの前では「当然、みんなと一緒に大根小に行くよ」という態度を決め込んでいましたし、保育園には「大根小に行かせると決めているので、そのつもりで接していただけると助かります」と伝えておきました。年長さんに向かって先生たちが言うのを時折耳にしていた「そんなことができないようでは小学生になれませんよ」という言い回しについては、「便利だけどトッキーにとってはシャレにならないことなので、今年度の年長組では他の表現を使っていただきたい」と年度初めにお願いしたり、とかなり神経をとがらせて「白いウソ」のワキを固め、トッキーはじめ子どもたちをガードしようと必死でした。

しかし、たびたび「巡回指導」で訪れる療育相談員や、大人同士の会話などから「自分は行けると決まっていないらしい」ことをトッキーがうっすら察しているのは明らかでした。なぜ「行けない」になるのか全く分からないし、自分の自然な姿、変える術もない自分自身そのものが理由なら、これ以上の不安があるでしょうか。何と言っても「なまける」ということもまだ知らない幼い子どもにとっての「できない」は大人の「できない」とは次元が違うのです。ホントのホントに逆立ちしたって「できない」ことなのですから。

保護者である私とヤマシタの気持ちはもちろんしっかりと固まっていました。「ハルの行っているたけのこ学級に入学させる意味がない。もっと遠くの特別支援学校にも行かせるつもりは毛頭ない」。「学区の小学校に進む以外の選択肢はない」というものです。抵抗する教育委員会との度重なる不毛な話し合いにうんざりしながら、生活をぼろぼろにしながら、耐えて数をこなしていきました。おなじみの療育相談員が、「発達に見合った手厚い指導を受けられる学校がこの子のためです」などとあらかじめ用意された「定型文」を口にしても「私たちは、最初からこれまで、ハルの受けてきた教育にはがっかりさせられっぱなしです。発達に見合った教育？……そんな場所がないことは、身を以てよく知っています」とさらりと笑って受け流すことができました。その点について全く迷いはありません。

でも、本人の気持ちをちゃんと確認していないという不安は心の隅にいつもありました（もっとも、親に過剰な権限を与えているこの国では、意外とこの部分をつついてくる人はいませんでしたが）。

当時のトッキーは、言葉は年相応に理解しているように思えましたが生返事も多く、文字の助けもまだなく（幼い子は、言葉や文字に頼らずに生活できます。私はそれにロマンと何か大事な意味を感じていましたので、文字を道具として与えるのをあえて我慢していました）、コミュニケーションは今よりずっと限られたもので、問うて答えるというだけでは、はっきりと「意思を確認」するのは難しかったのです。

加えて、ハルの気持ちを考えれば、「トッキー、姉ちゃんの小学校じゃなく、大根小に行きたいよね？」なんて絶対に聞けません。自分の通っている学校の、学級の悪口を言われたら、どんなに傷つくか。そこを選んで行かせたのは他でもない私とヤマシタなのですし。

ハル、学童保育を卒所する

トッキーが小学校入学に向けてスッタモンダをはじめたこの年の春、小学五年生になったハルは、トルネード学童保育クラブを去りました。前年、同じ歳の子たちと「卒所」するとき決心がつかず、一年の「留年」を経て、ハルがもはや留まるべきでないところに留まっている様子を目の当たりにして、ようやく「皆と同じようにシャバの社会資源を使って、公共に飛び出して放課後を過ごすべきだ」と覚悟を決めたのです。広い、広いシャバの世界。そこでも、ハルは結局、「交流の保障」をされなければ生きていけないのだろうか、否か。

介助支給量が明らかに足りなくなること、そしてそもそも介助者が不足するであろうことや、ハルがまたふたたび孤立するのではないかなど、不安でいっぱいでしたが、翌年、トッキーがトルネード学童保育に入所することが、決断させました。

みんなと同じ小学校へ行きたい！

五月。私たち家族が住んでいるM区の小学校は運動会のシーズンです。偶然この年は、ハルの通う特別支援学級のある菜花小学校と、大根小学校の運動会が同じ日にありました。当然のことながら、五年生のハルの運動会に一家で応援に出かけようということになりました。前日の夕食のとき、そのことを告げたとたん、トッキーは猛抗議。その話題になると、目をむいて拳を振り上げて怒りの声をあげます。「だってお姉ちゃんの運動会、お母さんもお父さんも行ってあげたい。トッキーのヤツに行ったみたいに。トッキーはまだ、お留守番できないでしょう」などと「言い諭し」に入ると、今度は涙目でこちらをにらみます。

結局、当日は（こういう時、障害のある人の人権を踏みにじる重大な罪を犯しているわけだけど）トッキーが車いすに乗っているのをいいことに、トッキーの意思を無視して、「強権をもつ親」としての私は、むすっとしたトッキーの車いすを押してさっさと菜花小学校に向かいました。

菜花小学校の校門前に到着すると、トッキーは再び抗議の声を荒げながら、すぐ「たけのこ学級」のある建物の入り口を指差し「中に入りたい」と。毎年運動会や学芸会のときには連れて来ていたので、トッキーにとってはおなじみの建物です。その日は、教室の一つにマットが敷き詰められていて、生徒が横になって体を伸ばすことができるスペースとして開放されていました。それを見るや、また「そこに行け」と声をさらに荒げて要求し、入るなり横になり、大の字になると、びくとも動かなくなってしまいました。眠るでもなく、くつろぐでもなく、天井をにらんで、私が何を言っても無視。石のように動きません。こんな様子ははじめてです。「まるでハンガーストライキだな」と、その抗議のパフォーマンスに心打たれてしまいました。

生徒の出入りもあり邪魔になりますし、そこにずっといては、どのみち肝心のハルの出番を観ることもできない、とあきらめて、ヤマシタを残して家に引き返すことにしました。

行きは路線バスを使うために別の道を行ったので通らなかったのですが、帰りは電車を利用して駅からの緑道、大根小学校の横を通りました。「ああ、そういえば、こっちも同じ日に運動会だった」と思い出したその時、トッキーが猛烈に小学校の方角に腕を突き上げ、「うーッ！おーッ！（行け、行け）」と大声で叫び出しました。運動会は近所の人なら誰でも出入り自由だし、その後、特に用事もなかったので「はいはい」と従うと、「トキっ」と聞き慣れた数人の声。保育園の同じクラスの子たちでした。ああ、そうか、兄ちゃん姉ちゃんが、大根小に通っているもんね。応援に来てるんだ。トッキーも「うーッ」と返事をし、駆け寄って行くと「遅かったじゃん、もう終わっちゃうんだよー」などとトッキーに話しています。トッキーはうつむいて、ホッとしたようにへへへと笑ったり。

そこではじめて知りました。前の日、保育園では、皆で約束をしていたのです。こんなやりとりだったようです。

「明日は、みんなで来年入る大根小の運動会の応援行くよね？」「去年のぶどう組さん（年長組）も一年生だから、出てるね」。「トッキーも（来年、大根小だから）来るよね？」「ウンッ（Yes）！」……。

この日、私はこうして、トッキーの気持ちをはっきりと知ることができたのです。私の心に、わずかとはいえ、見逃せない影を落としていた迷いはなくなり、「子どもを通常学級（または地域の学校）に進学させたい親」から「一人の人間の子どもとして、地域の一員として他の子どもと同じように学び、育つことを勧められる権利を主張する子どもの代理人」として一〇〇パーセント行動し、胸を張って「これは彼の行動です」と言えるようになりました。

トッキーも切羽詰まっていたのだと思います。訳が分からず不安な中で、幼いなりに「とにかく気持ちを伝えなくては」と頑張ったのでしょう。五歳児にこんな思いをさせる教育制度って……、とあらためて憤慨しましたが、と同時に、「きっとこれでトッキーも思いを伝えることに手応えを感じて自信がわいただろうな」と頼もしく嬉しい気持ちにもなったできごとでした。

心に大きな傷を残した「判定の場」

ハルもトッキーも「就学前相談[51]」に出向きました。「学区の小学校に就学させる自信がない親が、どんな就学先がふさわしいか専門家に相談する」ためのサービスですが、より「判定の場」として機能しています。このサービスは「もう既に障害がある／またはあるかもしれない、と周知している子」が対象です。そこでは整形外科医や内科といった医師の診断を受けたり、理学療法士や作業療法士、心理相談員といったいわゆる「障害の専門家」と言われる人たちに指示されて調教されたアシカの芸のようなことをやらされたり、区立小学校の校長先生数人たちに取り囲まれて、容赦ない質問を浴びせかけられたりします。とてもではありませんが、五歳の子どもに耐えられるような場所ではありません。泣き出したり無視したり脱走したり、……とにかくなんとかその恐怖から逃れようともがく、というほうがむしろノーマルな反応です。

　しかし、そのようなノーマルな反応をする子は、ほとんど見られません。今やどの子も例外なく、幼児時代の生活の大半の時間をシャバとは別環境で「療育指導」を受けることに費やしてきており、そこで「舐め回すように観察されること」に慣れ「唐突に」「従順な芸」ができるように仕込まれています。この成果を見ると「療育指導」の一番の目的は「既存のシステムに抗わず扱われやすい（愛されやすい）障害者（とその親）の育成」なのではないかとさえ思います。な

51

おかつ、既に「できレース」といってはなんですが、療育施設でしつこいほど「どの学校（学級）を希望するか」という聞き取りと相談・指導をされたあとなので、療育施設によって勧められるまま親が希望した進路に「判定」されます。（それでも、中には「お受験」さながら、控え室で名前が呼ばれる直前まで、醜悪な知育絵本片手に「○○ちゃん、りんご、どれっ？　これでしょ！」「こんにちは、は！？　こうでしょ！」と子どもを「調教」している親もいます。）

　ハルがこの「就学前相談」を受けたときは、ハルは、何をされても何を言われても終始一貫、平然としていました。そして、私の中にもその場について何の問題意識も違和感も、全く生まれませんでした。私にとってもハルにとっても、「おなじみの雰囲気」だったのだと思います。

　しかしその五年後、そこにトッキーを連れて行ったとき、その異常さに嫌というほど気づかされました。「きみ、言葉の表出はないが、表情は豊かじゃないか。この子は特別支援学校だったら、のびのびやっていける。優等生、主役になれるぞ」。「全く自力で移動できない、一人では何もできないんだね。全介助ということでいいね」だのそういう言葉が、当人の目の前でどんどん飛び交います。さらに大勢の大人に、「対象物《イット》」としての視線を浴びせられ、突然ゆっくりとしたおかしなイントネーションの大声で話しかけられたり、その場に何の関係もない積み木を唐突に押しつけられ、「積んでみましょう」などと言われるのです。トッキーは、はじめて味わう混乱と恐怖と恥ずかしさに、うつむいたまま、泣きそうな顔でその場が過ぎるのを必死でこらえていました。その見るからに痛ましい幼い子の姿を目の前に、検査をする人は平然と無言でカルテに「所見」を書き込んでいきます。

私とヤマシタは、トッキーを一秒でも早くこの場から解放してあげたいと思いながら、少しでも負担を軽くしようとあがき、言葉を選びながら「学区の大根小学校を希望する」こととその理由（もうその時点で何十回目だったでしょうか）、家庭環境のこと、ハルの教育環境にどんなに失望してきたかなど、くり返し説明していました。頭のどこかで「これはできレースだ。こんなに説明したって結果は同じなのだ」と分かっていながら、いつものごとく。

案の定、判定はもう先に用意しておいたとしか思えないもので、「特別支援学校適」というものでした。「遠くの都立明光特別支援学校に行け」という意味です。理由のところには、「手と目の協応など、少人数の学習の中で、課題を克服していく」と書かれていました。ハルと生きてきた十年間ですっかりなじみの深くなった「重度重複障害児」の所見の中に頻繁に出てくる「定型文」。なんという乱暴な、いい加減な、決めっぷりでしょう。一体、同じ五歳の子どもに、障害のない五歳の子どもに、同じ仕打ちをしたとして社会はそれを許すでしょうか。保護者はじめ皆が一様に「障害をもっているのだから違う扱いを受けてもしょうがない。同じ人権はもちえない」と思い込んで（思い込まされて）いることが利用されているのです。

トッキーは、それまでも医療・療育機関で何度か似たような目にあってきましたが、それはせつなのことで、かつ「自分だけではなくそこにいる皆が同じ目にあう」という限定された場所でのことでした。しかし就学前相談が「誰か選ばれた人が、どこか皆と別の場所に連れて行かれる」ためのものであることは明確で、それはトッキー自らが漠然と抱えている「不安」を上塗りするものでした。取られた態度と浴びせられた言葉すべては、その子の尊厳も、子どもとして保護される権利も無視したものでした。トッキーは、保護者の目の前で公然と精神的虐待を被りました。それははっきりとしたトラウマになり、この日以降「誰か大人が（自分をテーマに）観察に来ること」で激しく動揺したり、無気力になったりすることが、何年も続くことになりました。たとえそれが他意のない単なる授業参観や発表会の観覧だったとしても。

トッキー、就学時健診に行く

この年の夏休みは、ハルが学童保育クラブ抜きで過ごす初めての長期休暇でした。介助者をともなって、町の行事やイベントに出かける毎日。たくさんの発見と課題。ハル含め家族全員に疲労感を残しながら何とか無事に乗り切りました。

夏の疲れがやっと取れ始めた十月のある日。まだ昼下がりだというのに、いつもは日中、大岳保育園に子どもを預けて仕事しているはずのお父さん・お母さんが、ゾロゾロと保育園に向かっていました。私も道の途中で幾人かと合流しました。

ちょうどお昼寝タイムが終わる時刻。毎日みんなで布団を並べて雑魚寝する「ホール」の外で待っていると、保育士の先生にうながされながら、おなじみ年長の「ぶどう組」の子たちが、まだ眠たそうな顔で目をこすりながら、次々と出てきました。トッキーも室内用の車いすに乗って、ぼんやりした寝起きの顔で登場。そこに、ふだん夕食や風呂のとき、家でトッキーの介助を担当しているミノルさんも現れました。

そう、この日は大根小学校での「就学時健康診断（以下、就健[52]）」の日です。それぞれ保護者に引き渡されると、今度は、親子連れの一団となって一緒に大根小学校に向かって歩き出しました。子どもたちは、この日が待ち遠しくて仕方なく、数日前から、「四月から入る小学校にみんなして行く」ことで話題が持ち切りだったようです。トッキーももちろん、同じワクワク・ドキドキ感を皆と分け合っていました。お迎えのときなど、「大根小のヤツ行くよね！」「ウンッ」……と友だちと盛り上がっているのを見かけました。

大根小学校に着き列に並ぶと、受付に見慣れた顔の子どもたちがいます。ハルとトルネード学童保育クラブで同級生だった五年生たちです。就健を受けに来る子たちが新一年生として入学してくるとき、最上級生の六年生としてそれを迎えることになるのが彼ら五年生です。五年生一人につき健診に訪れた子一人、担当の子と手をつないで、校内を案内してくれるのだと分かりました。順番がまわってきて名前を名乗ると、学童保育クラブでハルと同学年だったカーリンが、トッキーの胸に手作りのお花のバッジをつけてくれました。カーリンはトッキーの手をとり、ミノルさんがその車いすを押して校内に入っていきました。

大根小学校は四階建てでエレベータがありません。車いすに乗ったまま階段を上るのは、その数年前に海外の車いすユーザーが教えてくれた方法でうまくいきました。上りも下りも、車いすをウィリーにして後輪で一段一段乗り越えていく方法[53]です。ハルが既に、同じようにエレベータのない最寄りの児童館で幾度か試していましたが、小学校の階段でトッキーの車いすで上り下りするのはこれが初めてでした。一、二年生のうちは一階に教室があるから、入学してからエレ

53　52

ベータの設置を要望していけば、上階に教室がある上級生になるまでには叶うだろう、と楽天的な気持ちでいましたから、まずは一つクリアした、という感じでした。

「受診ツアー」の間、保護者は控え室で待機し、子どもは単独で行動することになっていました。私は、学校側が不安を感じては困ると思い、また何かあったときのフォローも考え、後ろから遠巻きについてまわることにしました。

歯科医は、口を開けにくいトッキーの気持ちをほぐしながらなんとか口内をチェックして「おおっすごいな！　虫歯が一本もないぞ。偉いなあ！」と少し大げさにほめてくれました。そのあと、眼科やら耳鼻科やらひととおり訪れ、内科の部屋に行くと、そこには大岳保育園の園医で、風邪を引いたとき受診したり予防接種を受けたり、いつもお世話になっているお医者さんが座っていました。トッキーを見るなり、それは嬉しそうにニッコリ笑って迎えてくれました。所見を記入する用紙にはいつもカルテに書いているのと同じ優しい文字で「異常なし」と書かれていました。

最後に、保護者と一緒に、学校の先生と面談する部屋があります。一つの机に一人先生がいて、受診ツアーが終わった順に空いている机に座ります。偶然、トッキーの順番は校長先生でした。他の子にするのと同様、トッキーに向かって「こんにちは、はじめまして。校長の井川です。おなまえは？」と話しかけました。トッキーは答えることができず、また自分が、口が利けず答えることができないことに初めて気づいたかのように、動揺した様子でうつむいてしまいました。「おなまえは？」ともう一度、校長先生が聞くと、ついに目から涙がボトッとこぼれ落ちました。たまらず横から助け舟を出そうかと思ったその瞬間、「あぁっ、ごめんねっ。先生、いじわるだったね。本当にごめんね」と一生懸命トッキーに向かって謝ってくれたのです。その表情、その口調、誠実でうそのないとっさのものでした。

この校長先生は、ハルが三年生のときに転校願いをしたころから数えると、もう付き合いも二年近く、うちの事情はよく分かっていて、ここ半年は教育委員会に呼ばれての不毛な話し合いのなか、何度も顔を突き合わせ、入れる、入れない、の押し問答をしてにらみ合ってきた相手です。しかし、この校長先生の様子を見れば、目の前にいるトッキーを「障害児」でも「自分の手に負えない特殊な子」でもなく、普通の五歳の子、みんなと一緒に入学を楽しみにしている一人の子どもとしてとらえているのは明らかでした。「この学校は大丈夫だ」……。その後もおびただしい回数あった教育委員会との話し合いの場で、引き続きこの校長先生とは同じような問答をくり返すことになりましたが、それでも、この点において、この人とこの学校に対する信頼は以後、揺らぐことはありませんでした。

就健は、「ぶどう組」の子どもたちがしていた噂にたがわず、小学校のお兄さんお姉さんたちが、自分たち新一年生を歓迎し「じゃ、四月に待っているからね」と優しく声をかけてくれる場でした。五年生に手を取られて校舎に入っていくときはかなり緊張していた様子の子どもたちも、帰る頃には、それは嬉しく、どこか誇らしい顔をしていました。少し不安げだったトッキーも、ミノルさんに「これで、もうすぐ一年生だねえ」と言われると「あ、大丈夫だったのか」とホッとしたのか、すっかり元気になりました。さっき見かけた、親と離れて寂しくてたまらず泣いてたあの子も、きっと今ごろ同じように安心しているんだろうな。……想像すると可愛くてニヤニヤしてしまいました。

「統合」と「分離」は同じコインの裏表

その日、校門には「就学時健診」に抗議するビラを配っている人が立っていました。私たちの住むM区には、今から三十年ほど前に知的障害があると判定され養護学校に措置されようとしていた子と家族がそれを望まず抗った際、近所の小学校への入学を実現し、通学や学校生活を支えた支援団体があります。そこでは毎年、就健に訪れた保護者に就健に抗議するビラを、M区立小学校全校の校門前で配るという活動をしています。生後、一カ月、三カ月、六カ月、一歳半……と乳幼児健診があり、そこで何か所見があれば発達相談へ乗せられるというように、もはや就健だけが「分けられる」タイミングではないのに……。

私は子どもたちにだけは「実はね、障害のある子はね……」なんて残念すぎる現状を絶対に知られまいと情報をせき止めるため必死の努力をしていたので、正直、迷惑だとさえ感じてしまいました。まあでも間違った主張をしているわけではないし、バザーをやって活動資金を集めて、終わったらビールを一杯やろう……という年中行事の一つのようなものになっているのだろうな、とチラシを受け取り「お疲れさまです」とささやき、やり過ごしました。でもその人が、保護者ではなく、ワクワクドキドキしながら小学校を訪れた子どもに、チラシを渡そうとしているのを見て、はねのけたい衝動にかられました。「実状を知らないし悪意はないのだから仕方がない」と思う気持ちを、「この人たちは結局、子どもたちの気持ちなんてどうでもいいのだ」とわき上がった嫌悪感が大きく覆うのを感じました。

毎朝、通学を拒否するため校門の前で当番の学校の職員がピケを張る、それに抗議の意を表すため毎日出向き、一日中保護者と門の前で校舎をながめて過ごす（させられる）、……どちらも同じように「子ども」の「その時」を奪っているとは言えないでしょうか。当時は仕方なかった。しかしいつまでもそれを続けていていいのでしょうか。しょせん「分離」と「統合」はコインの表裏。どちらかが消えればもう一方も消える。そうして自らのアイデンティティの喪失を恐れるあまり、闘争のフィールドとコマを未来永劫確保しておきたいと願っている人は「共に生きよう！」と叫んでいる人の中にも確かにいるように思えてならないのです。双方「終わり」を望まず、不毛に続く「闘争」。そこにコマとしてかり出され利用され傷つけられ、さらに日々「分断」の確認作業をさせられるのはいつも、支援しているつもりになっている対象である障害がある子当人と、そしてその子と共にこの国、この場所を生きる子どもたちなのです。

「交流」という言葉の不気味さ

ハルの通うたけのこ学級のような特別支援学級も統合教育(54)とみなされてきました。つまり、地域の普通小学校の中に設置されていて、お互いを知り共に過ごす機会を保障できるという理由からです。この機会は「交流学習」「共同学習」などと呼ばれます。私がはじめて「健常児」と出

54

会った全校集会も、この交流学習の一環です。

しかし、こうした仕組みが整えば整うほど、これで保障したのだから、それ以外はキッパリと分離していい、いや、するほうが望ましい、という運営方針になってしまうようです。ハルの学校でもそうでした。休み時間も「校庭に行こうか」と気の利いたことを言ってくれる教員は少なく、週に一度の全校集会以外は、母屋の通常学級の子と別棟のたけのこ学級の子たちが一緒に過ごすことはほとんどありませんでした。

これでは足りない、何とか交流の機会を補おうという目的で設置したのか、「お便りポスト」というのがそれぞれの校舎の入り口に設けてあって、学校内だけで使えるハガキにメッセージを書いて交換できるという文通のような設定が用意されていました。こういう説明を聞くと、たいがいの人が、障害のある子が孤立しないために、また「健常児から刺激をもらい、シャバの空気を吸うためには」かなり工夫された恵まれた環境だ、と安心してしまいます。私もそうでした。しかし、学年末に持ち帰ったハガキを読んでは一気に暗澹とした気持ちになったものです。もちろん、他愛ない内容のものもあるし、可愛い似顔絵が描かれていたり、微笑ましいもの、嬉しいものもあります。しかし、圧倒的に多いのは「歩けるようになる訓練、頑張ってください」。「私は歩けるし、しゃべれるのに、わがままばかり言っていたけど、ハルちゃんを見ていてごめんなさいと思いました」……などというものです。こんなことを小学生に書かせてしまうなんて。そしてハルのほうはというと、一方的にそれらすべてを「ありがとう」と受け取るしかなく（事実、教員は「嬉しいね、頑張ろうね」と、決してハルが思っていないであろうことをハルの気持ち・言葉として勝手に断じながら、それを代弁するのです）、返答を表現するすべがないのです。どこまでも障害のある人を客体として描き「違う存在として、決して交わらない関係でいるように」念押しする機会になってしまっている。こんな機会ならつくらないほうがまだマシなのかも、とさえ思いました。

このような統合教育の負の効果を決定的に実感することがありました。毎年、通常学級の六年生とたけのこ学級で行われている「共同学習」があります。その内容を知ったとき、私はおぞましくて背筋が凍るような思いがしました。なんとそれは「ボランティア体験の授業」だったのです。

六年生の子どもたちが、たけのこ学級の先生たちから「障害の重い子どもたちとの触れ合い（扱い）方」を学び、絵本を読み聞かせたり、オモチャであやして笑わせたりという「実践」をする。六年生の子どもたちは、重い障害のある子についての理解を深める貴重な機会になるし、たけのこ学級の子どもたちにとっては、健常児に「刺激をもらう」めったにないチャンスになる。

同じ学校の敷地内で共に学ぶ同じ年頃の子ども同士が自然に出会って遊ぶこと、過ごすこと。その機会を奪った上で、さらに「障害のある人はこうして扱われなければ、生きていけない」、「障害のある人の幸せな姿はこうである」という誤った情報を「公教育」が子どもたちに与え、障害のある子を自分とは違った存在、ボランンティアの対象、お客さんとして付き合わせる「作法」を教えているのです。少し前に、お子さんに「居住地交流」をさせている先輩お母さんが「わが子を教材にされてでも、交流の価値はあると思うわ」と話すのを聞いたことがありました。その時は「教材」という言葉に全くピンと来なかったのですが、その時、はっきりとその意味が分かりました。

ああ、こういうことなのか。公教育においてはどこまでも「客体」「教材」としてだけの存在。子ども同士、ただただ無心に遊んでいたとしても、それが「障害児」と「健常児」なら、それは「交流」と呼ばれてしまうのだ。

では、学校以外の他の生活――例えば公園や児童館――では大丈夫でしょうか。ひとたび学校を離れれば、それは「交流」と呼ばれていないでしょうか。残念ながら答えはノーです（呼ばれています）。そしてそれらはひとえに学校教育の絶大な影響力によるものです。「学校」という場が、子どもとその家族、暮らす地域に及ぼしている影響力は本当に強大です。ほとんどの小学生にとって学校は「生活の全ての基準となるもの」であると言ってもいいほどです。

何でいけないの？

「六歳の春」前夜のその頃、私もヤマシタも、トッキーが一斉授業の中で何をどうやって得ていくのか、全く予想がついていませんでした。ただ、「認知の能力が低かろうと、歩けなかろうと、しゃべれなかろうと、同じ人間の子。近所の学校で過ごす権利がある。助けを借りる場面が多いからこそ、近所にありのままのトッキーを理解する友だちがたくさん欲しいのだ」という強い気持ちがありましたので、もしトッキーが、字が書けるようになれなくても、算数が理解できなかったとしても構わなかったし、そのことについては特別支援学級・学校に行っても同じことで、「どこに行こうとできないものはできない。その子にふさわしい教育なんて嘘っぱちだ」というのも、そこにどっぷりつかりきってしまったハルとの生活ではっきり分かっていましたし。もはや「療育放棄」は禁断どころか、むしろ人にも推奨すべきものと、開き直っていました。学習以外のことでも何か得られるのならそこを一生懸命応援しよう、これは断じて「ダンピング」ではない、と心に言い聞かせていました。しかし、それには少し努力が必要だったと告白しておきます。

トッキーが入学を希望している大根小学校は、過去「統合教育」をほとんど経験していませんでした。歴代学校運営側が断固拒否の姿勢を崩さなかった結果なのだろうと考えると、その間「教育の機会を奪われた」子どもたちの無念を思わずにはおれませんが、しかし、このことがむしろ効を奏したこともあったこともありました。

保育園の付き合いも五年目になり、園の送り迎え以外の場所で、「子ども抜き」で保護者同士集まって、呑み喰いしたりする機会もちょくちょくありました。忘年会の場で鍋をつつきながら「実はさ、トッキーは、みんなと一緒に大根小に入れようとしてるんだけどさ。もー、教育委員会との話し合いとかお話にならない感じで、平行線で疲れてきちゃったよ……」とぼやいたときです。多くの父母仲間の反応は、とても意外なものでした。「えっ？　なんでトキちゃんが大根小に行けないの？」と本気で驚いた人が多かったのです。「統合教育」を経験しておらず、「障害児・健常児」だの「肢体不自由」「特別支援教育」だのと聞き慣れてないからこその反応だったのだと思います。てっきり「ハルコちゃんが行ってる《たけのこ学級》はダメなの？」とか「話には聞いてるけど、やっぱり相当な圧力がかかるんだねえ」とか、そういう言葉が返ってくると思っていた私は、あっけにとられ、返す言葉が見つかりませんでした。「えっ……。だってトッキーはさ、歩けないから（しゃべれないから……）」と、自分のほうが言いそうになって、思わず噴き出してしまいました。

「六歳の春」ではもう遅い

ハルの小学校就学のときは、私もヤマシタも「障害のある子を通常学級に入学させる」ということがどうしても理解できませんでした。その年の日本水頭症協会の会報『ぱどる』の編集後記に、「だって喋りも這いもせん子が通常学級に行ってどないするんよ？」なんて書いています。会報に書いてしまうくらいだから、心の底からどうしても理解できないことだったのでしょう。しかし、その年から翌年にかけてのたくさんの幸運な出会いを経て、自分たちの「疑いのなさ」を疑うようになったことで、コロリと考えを変えたのです。でも、いざ人にそれを分かってもらおうとしたとき、一体どうしたらいいものかと途方に暮れてしまいます。

ここ数年は、ちょくちょく「先輩お母さん」ということで紹介され、「六歳の春」前を迎えた障害のある子の親から進路の相談をしたいと連絡を受けることがあります。私のアドバイスは決まってこうなります。

とにかく、「何でいけないの？」という軽い気持ちで、みんなと一緒に近所の学校に入っちゃってみてほしい。さすがに二十一世紀、親の承認なしには、無理に入学を拒否できないようにはなっているから。そのあと「やっぱりムリ」となったら、転学相談に行くといい。それはもう喜んで特別支援学級なり学校なりに、転学させてくれるから。でもその逆（特別支援教育から一般教育への転学）はね、絶対にあり得ないから。

でも残念ながら、かつてアドバイスどおり「学区の小学校」を選んだ人はいません。（一人いましたが、その方は既に気持ちが決まっていて、条件整備など具体的な相談をしにきた人でした。）「ごめんなさい、やっぱりうちの子はトキちゃんみたいにしっかりしてないから無理だと思う」とか、「うまくいかないで転学ってなったときの本人の挫折感を想像すると、とても無理」とか、「どう考えても健常児の中で自分の子が過ごしている姿が想像つかない」というのが主にあがってくる理由です。その都度、とても歯がゆくくやしい思いをするのですが、自分にとってのその頃（ハル六歳の春）を思い出せば、その人たちが決して軽々しくそう選択したのではなく、熟考し悩み抜いた末の結論だということも、とてもよく分かるのです。「どうしても分からない、信じられない」という気持ち。私にとっては、とてもリアルなものです。

なぜそうなってしまうのか？

諸悪の根源は「早期発見・早期療育」という仕組みであることは間違いありません。

予防医学が発達した戦後、定期健診などにより病気をできるだけ早く発見し、それによって可能な限り早い時期に治療することが重要である、という考えが医学界で「早期発見・早期治療」という言葉でもって啓蒙されましたが、それをもじった言葉が「早期発見・早期療育」です。いまだに「優生思想」の臭気がプンプンしてくる何とも残念な「母子手帳」に代表されるように、生後まもない赤ん坊のころから定期的に「心身に異常がないかチェック」し、できるだけ早く障害の有無を確認し、しかるべき療育機関に紹介するという仕組みです。療育機関で受けられるサービスは、理学療法や作業療法や言語療法ほか、新参の音楽療法などもありますが、いずれも「リハビリテーション」と呼ばれる、中途障害（生まれつきでなく、中途の病気やケガによる心身の変化、また発症年齢が生まれつきでない病気による変化）の人が、それ以前の自分の状態を取り戻すことを目標に考えられ試されてきた「方法」「手技」に由来するものです。

理学療法では、七〇年代に「脳性マヒが治る」とこの国に紹介され、ろくに精査されることもなく無責任に一気に広まったボイタ法やボバーズ法などが有名で、いまだに「公認」されています。紹介された数年後には共に「効果は疑わしい」という見解がたくさんの医師から出されましたが、ことごとく無視されたようです。誰も障害のある子どもが無駄な（実のところ、無駄であるばかりか有害でさえあるのですが）療法に多くの時間を割くことになっても困らなかったからです。中には「障害の重い子の親に夢をもたせてやるため必要だ。他にやることもない。家に閉じ込めておいたら心中するのがオチではないか」と真剣に訴える医師もいたようです。

　その後もきちんとその効果を検証する動きはないまま、今でも措置ではないにせよ「受けるべきサービス」として推奨され、提供され続けています。ハルが療育センターに通っていた頃、担当の理学療法士に「これは何という療法を採用しているのですか」と聞いたところ「ハルちゃんは、ボイタとボバーズのミックスかな」と即答されました。あとで調べて知ったのですが、二つの療法は手技といい効用といい真逆の主張をしているのです。何といういい加減な……。

　この少し前、「詩作の天才」と目された重い障害のある少年がＮＨＫの番組で紹介され、その中で、その子に悪名高い理学療法であるドーマン法が実践されていたことが「肯定的に」描かれていたため、ものすごいバッシングが起こる、ということがありました。私もドーマン法がどんなに残酷なホームプログラムかは十分認識していましたし、海外の小児科学会から警告が出されるほどそれは有名だったので「公共放送でそれはないよな」とあきれました。しかし「危険な療法にのめり込んではいけない」と一番つばを飛ばしながら語っていたのは、理学療法士はじめ「障害の専門職」と言われる人たちでした。「いやぁ、あなたがたがやっていることも、そうは変わらないのでは？」とそれを鼻白む思いで眺めずにはおれませんでした。

　障害・障害の疑いを発見した赤ん坊を始発駅である「療育センター」に連れて行き、家族ともども「障害者コース」の急行列車に乗せるのは、生まれてすぐ、病院から出たらすぐ、発見されたらすぐ……。早ければ早いほどよい、というのが「早期発見・早期療育」の考え方です。その後は、その世界にどっぷりつかり、「この子は障害ゆえ、普通の世界では生きられない」、「障害の専門職と保護者と手をたずさえて一緒に頑張って育てましょう」という専門家・支援者と呼ばれる人たちの呪文を日々絶え間なく聞かされ、保護者はじめ周囲の人たちもそれを「絶対真理」としてすり込まれ、ついには多くの保護者は自らそれを伝道する人になります。間違いなく「療育」は「プレ分離教育」「プレ排除・隔離社会」の場として機能しています。

今では「六歳の春前夜」になってから「いや、やっぱりシャバで一緒にフツーに堂々と生きていくとしよう」と決意しても、「障害者コース」を行く急行列車は既にシャバから遠く離れた場所の線路を高速で突っ走っており、降りることはできません。残念ながら既に「手遅れ」なのです。どうしても、と飛び降りれば、大けがをします。傷が癒えても、遠く離れたシャバに、いつたどり着けるか分からないままさまよい続けます。

次の駅は「特別支援学校」です。そしてその次は……。終着駅は……。

「重い」障害のある人が成人しない国

そのころ、私はある新聞記事を目にしました。「障害のある子の親がその子を殺した」というものです。この国では「親が子を」「子が親を」殺したり虐待したり……という事件は、その関係者に障害があるなしにかかわらず後を絶ちません。既に「ありふれたこと」になってしまっています。私自身はそういう記事を見て、気持ちが悪くなるほど落ち込むことはあっても、もはや「驚く」ことはありません。しかし、明らかにこの記事には何か引っかかるものがありました。

新聞記事は以下のとおりです。

知的障害のある長女（30）の介護を放棄したとして、福島地検郡山支部は十八日、住所不定、共同作業所従業員、影山道夫容疑者（65）を保護責任者遺棄の罪で起訴した。同支部は、介護放棄によって長女が死亡したとみて、死因が確定した段階で同致死罪の適用を視野に捜査している。起訴状などによると、影山被告は郡山市内のアパートで長女と二人で暮らしていたが、長女が自分で食事がとれないなどの知的障害があり、介護の責任があるのに、二月下旬から長女を一人で放置したまま、交際相手の女性宅で生活していた。四月二十五日、アパート自室の布団で死亡している長女を近所の人が発見。身長約百六十センチで体重は約二十キロと極端に衰弱した状態で、死後一カ月以上経過していた。影山被告はこの間、アパートには一度も帰らなかった。調べに対し「介護がわずらわしくなった」と起訴事実を認めている。同支部は、未必の故意による殺人罪の適用も検討したが「積極的な殺意は認められない」と判断した。

（二〇〇七年五月十九日付『毎日新聞』より抜粋）

まず「保護責任者」という言葉。殺された女性は三〇歳。殺した父親は「三〇歳の人の保護者」（そして現行のこの国の法律によれば「介護・介助責任者」であることも兼務）であり続けていたのです。この記事を読むまで、私は、この国では全ての人が二〇歳になったら自動的に成人するのだ、と疑いもなく思っていました。しかし、あらためて分かったのは「生活のすべてにおいて介助・介護の手が必要である」「ものごとを判断する力が乏しい」ほど「心身に重い障害をもつ」といわれる一部の人は、二〇歳になっても三〇歳になっても、生涯、成人になれないのです。そしてその人の保護者は最も近い血縁という理由で、自動的に、それ以降命が続く限り、その人の保護者（兼、介護・介助責任者）であり続けなくてはならない、ということが法律ではっきり示されているという事実でした。

私は、影山という人に二十年後の自分の姿を見てしまったのです。三〇歳を過ぎたハル。ハルは、高齢者の仲間入りをした私とまだ暮らしている。介助制度が（今現在のまま）全く進展せず、介助者は慢性的に足りていない。主な介助者は「保護者」であるという考えも相変わらずまかり通っている。介助者不足も手伝って、一般の社会資源は使いこなせないで自宅で過ごすことが多くなっている。ある日私は、何かの拍子に家に帰ることをやめてしまう。何で？　事故にあうのかも。突如、記憶を失う？　それともヘトヘトに疲れていたためにどこかで眠り込んでしまうのかも。もしくは、もう限界だ、とばかり結果を知りながら故意に「責任」を放棄して逃亡生活に入るのか。

成人式の日、わが子が二十歳《はたち》になったからといって、「その子の親であることをキッパリやめる」ことのできる親は、あまりいないでしょう。人によっては、それこそ命が続く限りいつまでも大人同士の関係には到底なれずに、その子をいつまでも子どもとしか思えず、諭そうとしたり、世話を焼こうとするかもしれません。しかし、そんな保護者という「港」に、行きつ戻りつはあっても「さいなら」とあっさり別れを告げて出航する「船」となることは、人の生にとって大切な局面ではないでしょうか。「保護する側の狂気」を思い知り、ついに「実感」までしてしまった私に言わせるなら、それは「生活のすべてにおいて介助・介護の手が必要である」ハルにとっては「生き延びるための権利」とさえ思えました。

民法はじめ関係のある法律を調べていくと、日本では「血縁」ということが非常に重視されていることにも気づきました。おそらく「血縁」が最も客観的で科学的な「絆」であるという考えからなのでしょうが、それが「科学的にも」間違いであることは、例えば「遺伝の仕組み」を正しく理解すればすぐに分かります。「遺伝」はむしろ「変化」「バリエーションの創造」を前提にしたうまくできた仕組みなのです。

「きりんの首はなぜ長いか」という問いと「高いところにある実も食べられるようになるために伸びた」という答えですが、首を長くする努力を全きりんが代々行った結果であった、というわけではありません。首の短いきりん、馬くらいの長さのきりん、ものすごく首が長いきりん……個体の誕生のたびに「バリエーション」が生まれ、ある時環境の変化の影響で低い位置にある食物が枯渇し高い位置にある食物しか食べられない事態になったとき、「首がものすごく長いきりん」が実を食べ生き残ることになり、きりんという種は保たれ、結果として首が長いきりんが多数派になった、それが正確な「成り行き」です。いわゆる「コピー」や「クローニング」とは対極と言っていいものなのです。コピーという遺伝形式をとる単細胞生物は、ひとたび致命的な環境の変化があれば一気に絶滅してしまいますが、きりんや、私たち人間を含む多細胞生物の有性生殖は、そうはなりません。二つの「個」が合体しシャッフルして生まれるのは、一つとして同じものが存在しない「個」「バリエーション」だからです。遺伝ということからも分かるとおり、「一親等の身内」と「二親等の身内」、さらには「他人」とに生物科学的に大きな関係の濃淡・遠近などないのです。

血縁者や家族だからといって、掛け値なしで信用し、強権と重責の両方を与えるのは、矛盾だらけの根拠に乏しい間違ったことと言わざるをえません。特定の誰かに、一人の人間についての「していい権利」と「しなくてはいけない義務」を二〇年という一定期間であれ、場合によっては一生涯まるまる与え続ける仕組みに、そもそも無理があるのです。「血縁者同士の密室の虐待・殺人」は、皆に起こってもおかしくないこととして、社会がきちんと向き合い、その原因となっていることを見極め改善しない限り、虐待され殺される子ども・人は後を絶たないでしょう。

もう一つ、この父親が明らかに「娘は死ぬ」と分かっていたにもかかわらず、殺人罪で起訴されることがなかったという結末にもショックを受けました。もし、殺された女性が障害のない人で、殺人の動機が「介護苦」でなかったら、果たして同じ判断がなされたのでしょうか。この父親がやったことは、女性に「助けが呼べないように猿ぐつわをし」「鎖につなぎ食べものに手が届かないようにしておいて」から「ドアに鍵をかけてそこに二度と戻らなかった」というのと全く同じことです。未だに「障害のある人は殺されても仕方がない」と思われているのか。等しい重さをもつ生だということが保障されていないのか。これでは、一九七〇年に起こった横浜市金沢区の「障害児殺し」から何も変わっていない……。それは、こんな事件だったといいます。

一九七〇年五月。二人の脳性マヒの障害のある子を持つ母親が、下の子をエプロンのひもで絞め殺した。あろうことか、手を下した母親に同情した地元の人たちによる「減刑嘆願運動」が起こる。それまでは、こうしたことはよくあったことで、それに疑問を投げかけたり、抗議する人はいなかった。その状況の中で「障害がある子は殺されてもいい存在ということか」と猛然と抗議行動に立ち上がったのは、脳性マヒの人たちによる「神奈川青い芝の会」だった。子の母親に対する判決は、懲役二年、執行猶予三年だった。

梅雨の季節、安積さんが講師を務める立教大学の「障害学」の講義にゲストスピーカーとして招かれた私は、若い人たちに向かって「影山という人は二十年後の私かもしれない。殺された娘さんは二十年後のハルかもしれない」と本気で語りました。

もはやエプロンの紐でハルの首を絞めるということは絶対にあり得ないと断言できる。でも影山という人と同じ方法だったら殺してしまうかもしれない。私はハルを殺したくありません。そのために手と知恵を貸してください。

第三章　バリエーションはすべてを可能にする～保障すべきもの

――平成二十（二〇〇八）～平成二十二（二〇一〇）年

私は、すべての子どもが教育を受ける権利をもっていることを訴えたくてここに来ました。私は、タリバンや全てのテロリストの子どもたちにも教育が与えられるべきだと思います。

（マララ・ユスフザイ氏　二〇一三年）

一　インクルーシブを体感する

「合理的配慮」とは条件の整備

かくして年が明けて平成二十（二〇〇八）年三月初頭、他の子に遅れること一カ月余、トッキーに無事「大根小学校に入学」という就学通知が届きました。既に入学まで一カ月を切っていましたが、ここからあわてて教育委員会と「条件の整備」のためのミーティングをもつようになりました。一階男子トイレの個室を車いすのまま入れるスペースに。一番端の蛇口を長いタイプに交換。あとは、校舎内では（既に保育園でもそうしていたように）屋内用の車いす（座位保持いす）を使うことの確認と、その間外用車いすを置く場所の検討。日々の階段移動に危険が伴うため早急なエレベータの設置を要望。設置がかなうまでの階段の昇降法の確認……などなど。ここにきてやっと実のある話し合いをもつことができました。工事が必要なものは「納期に間に合わせなければ」とばかりバタバタあわてて実行されました。

これら「合理的配慮[55]」についての提案や検討――つまり「バリエーション豊かな成員（在校生）で構成されるこの学校・学級の運営がうまくいくには何が必要か」を考えることこそ、時間

55

をかけるべき大切なこと。しかし、そのためにかける時間は「ギリギリまで入学を承認しない」というとるべき対応のために無駄に奪われてしまうのです。これでは学校側も在校生本人もぶっつけ本番、準備半ばの見切り発車になってしまいます。

無駄な努力だけでなく、時には大人同士が対立する姿を見せつけられることにより、子どもたちが傷つく現状を考えれば「障害のある子がそれぞれ障害種別に用意された学校を措置されること」の根拠になっている今の制度・法律を、一日も早く変えなくてはいけません。いえ、言い換えるなら、制度・法律さえ変えれば、もはや、誰一人異論を唱える人はいないのではないかと本気で思います。

「学校内介助者」探し

さて、トッキー就学に際しての最大の課題として、入学の条件として教育委員会が示してきた（まあ、これもお決まりのものなのですが）「日中終日の保護者の付き添い[56]」を絶対に拒絶することがありました。「学校は生徒と先生の場所。保護者の人権を無視しているばかりか、せっかくの環境が台無しになる。百害あって一利なし」というのが私の主張。

まず不本意ではありましたが、この「付き添う人物」が「保護者の代理人」であってもよいのか確認をしました。その上で「生活すべてに介助が必要な身体障害者の場合、付き添う、ということと（見守りを含め）介助を行うということはイコールだという認識か」尋ねました。返事は「Ｙｅｓ」。「ではこの付き添いを行う人物の役割は在校生の介助を行う人、と考えてよいですね」

56

とさらに確認。教育委員会も、学校運営側も、何を謎かけみたいなおかしな問答を……と全くピンとこない様子でしたが、一応「そうである」という返事をもらいました。

この国では、公的介助制度[57]はすべからく「使途目的制限」をひどく厳格に設けています。このうち最も問題が大きいのは、学校と職場と入院時病院では介助者を使ってはいけないという制限です。理由は「設置者（学校・職場・病院）が用意すべきものだから」。しかし一方で「用意しなさい」という指導も、用意しなかった場合のペナルティも全くありません。それで果たして用意する設置者がいるでしょうか？

「絶対に保護者が付き添うべきではないし、ましてや介助を行うべきではない」という気持ちはあったものの、学校にいる時間の介助者のお給料を全額自分で払うのは到底、無理だということも重々承知していました。そこで「在校生のため、学校運営のために必要な存在であるなら、設置者が用意するのが筋です」、「保護者は一切学校に付き添うことはできません。介助者を雇う費用を全額もってください」と、ヤマシタとふたり、M区の教育長（教育委員会の責任者）に直談判しに行きました。返ってきた答えはこうです。

> 過去、同じように車いすで知的障害のある子を無理矢理入学させてやった。その子の先例にならって同じ分量を、区がもってやってもよい。

M区が約三分の一をもち、残りは自費で雇え、介助者探しも自分でやってくれ、とのこと。

57

「もってやってもよい」という額の根拠は乏しく、説明もなく、とうてい納得できない回答でしたが、もうタイムリミット。体力も精神力も限界でした。計算すると、家計からだいたい年間百万円ちょっとの拠出になります。お金が好きでなくお金にも嫌われているわが家にとって、この額は非常識なもので、果たして「食う・寝る・住む」に支障が出ないだろうかと心配でしたが、「まあ、もうトチ狂って私立のイイ学校に入れちゃったと思い込もうぜ」といったんヤマシタと決めると、簡単に吹っ切れました。トッキーの「当然の」望みを叶え、権利を守ること以外にも、何か「未知の未来社会とその可能性に期待しての壮大な実験」に投資するんだ、という抗いがたいワクワク感もあったように思います。

難航しそうだった介助者探しも何とかなりました。一人目は、年中さんのころからホームヘルパーとしてトッキーの介助を引き受けてくれていたミノルさん。所属していた介護事業所がご厚意で、ミノルさんともう一人、同じ事業所のヘルパーさんが学校生活を支える仕事に就くことを許可して下さったのです。既にトッキーの状態を知り意思疎通できる人が介助に入ってくれることは、トッキーにとってどんなに心強かったことでしょう。あとの二日は、ヤマシタが知人・友人に呼びかけて紹介してもらったユキヤスさんが引き受けてくれました。半年ほど前に「フランスの漫画家の来日講演」という何ともマニアックな場でヤマシタが知り合った人の、偶然一緒に来ていた友人でした。ご縁ほど不思議でありがたいものはありません。

介助者たちとヤマシタと私の間でメーリングリストを開設し、週間の時間割予定や給食の献立と再調理（すったり刻んだりトロミをつけたりしてその人が安全に美味しく食べられる形状に調整することを再調理といいます。舌の動きが不自由なトッキーの場合は、上下の歯の間に食べ物を置くことができないため、噛み終わったくらいの形状にしておく必要があります）の仕方、学校からの配布物の情報伝達、日々細かい連絡のために使いました。

こうして何とか最初に想定した「合理的配慮」については、ほぼクリアしてのスタートとなりました。

小学校の先生の魔法

四月。トッキーはこうして晴れ晴れと大根小学校に入学しました。担任の先生は、いかにもベテランの女性。ハルが通っているたけのこ学級のある菜花小学校で教えていた人……と聞き、「たけのこ学級の子どものように扱われてしまうのでは」と一瞬不安がよぎりましたが、すぐにこれが吹き飛ばされるようなできごとがありました。

最初の一年は、介助者たちが夜勤明けにそのままかけつけて来てくださる日もあり、どうしても学校の始業に間に合わない曜日がありました。そんな時は、朝のうちだけヤマシタが登板しました。

入学して間もない頃のことです。まだ一年生ですから、「じっと座って授業を受ける」ことが難しい時期、あっちでつい立ち歩いたり、こっちでふざけたり、泣き出したり、……大変な状況。先生は根気よく一つひとつ「ルール」や「とるべき態度」を指導していきます。トッキーも例外ではなく、ある時唐突に「ここにもういたくない（もう教室を出たい）」と教室の外を指してワーワーと声をあげ始めました。ヤマシタが（介助者に徹していたのだとしたら素晴らしい）叱りもなだめもせず先生のツッコミを待っていると、すかさず先生から「人が話をしているときにそんなに騒ぎたいなら、保育園だの幼稚園だのに戻るんだねっ」と厳しく真剣な口調でお叱りが。ハッと声を止め、涙目でうなだれるトッキー。その様子を見ていた同じ大岳保育園出身の友だちが「せんせい、ひどいよ、かわいそうだよ、トッキーはまだコドモなのに」と抗議したけれど、先生は毅然として聞き入れませんでした。ヤマシタは「お前らもコドモだろうよ」と、この子どもたちの言い分が可笑しくて可愛くてならなかったようです。

トッキーがそれ以降、授業中に当然のように「大きな顔をして」唐突に騒ぎ出すことはありませんでした。騒ぎたくなっても自ら葛藤し、選択する力をつけていきました。他の子どもたちと全く同じように、です。それ以後も、先生は、トッキーを特別扱いすることはなく、どの子にも「期待し」「信じ」て辛抱強く叱り、励まし、ほめてくれました。小学校の先生と小学校という環境しかもっていない「マジック」に感心することしきり、でした。

トッキー、字を書き始める

入学してすぐは「みんなが、生まれてはじめて文字を読み書きする」ことを前提に授業がはじまります。一年生の最初の国語の授業では、鉛筆の持ち方。トッキーはその日家に帰って来ると、みんなと一緒に教わった「えんぴつもち」を、やってみせました。それ以前は何度勧めても決してしなかったこと。驚きでした。

そのあと、みんなと一緒に「字を書く」準備として、ぐるぐるした曲線や、図形をなぞり書き。そしていよいよ平仮名や数字をなぞって書く練習がはじまり宿題を持ち帰るようになりました。トッキーが「えんぴつもち」をした手にこちらの手を添えて書くことで、「トッキーの勉強ということにしよう」と思いつき、介助者たちにも「学校でもそうやってみてください」とお願いしていました。それから間もなくのことです。テレビ番組をちらちら見ながら、宿題の「あ」の字を一緒になぞっていたとき、手を添えていた私が、うっかりテレビに気をとられ、書く手を止めてしまいました。すると、トッキーの手が勝手にニューンと動き出したのです。ハッとして手元をみると、「め」という形。

トッキーは、何度も手を動かして鉛筆でひたすら書くという、みんなと全く同じ方法で、字を覚え始めていたのです。

その晩、メーリングリストで介助者たちに報告すると「やっぱりそうですよね！」と、とても喜んでくれました。これがまた嬉しかった。そうじゃないかな……と既に感じていてくれたのです。「おかしくなっちゃった」親の思い込みではなかった。

次第に支える手の力の抜きどきや、介入が必要なタイミングも分かってきました。

覚えるための書き取り練習のときは、介助の介入度は多く誘導して大きく書く。そのうちトッキーの動きを感じたら介入度（力）を減らしていく。その字を覚えたあとも、画数が多い漢字は、一画が終わり次の画の始めの地点まで鉛筆を移動することは難しいので、介入が必要な字がある。左に「払う」動作が難しいので覚えたあとも介入が必要……等々。

また、指定された２Ｂの鉛筆だと筆先が紙面をすべってしまいどう動かしたかという感覚が得にくいことも分かり、より軟らかい４Ｂを使うことにしました。こういう細かい「配慮・変更」については連絡帳を介してその都度必ず担任の先生に相談しましたが、解消するためのアイデアや試行には、常に前向きに対応してくれ、断られたり無関心をよそおわれたりすることはありませんでしたし、かといって「そういうことは家庭におまかせ」というのでもなく、小さな連絡や相談にも丁寧に応じてくれました。

数字は種類が少ないし、形も単純なので、トッキーが書くのも楽、介入度も少ないので「そのつもりじゃないのに誘導され書かされてしまった」というエラーが起こりにくいこともあり、算数、とりわけ計算がとても好きになりました。

それでもまだ「トッキーは知的障害のある子だ。いつか勉強についていけなくなる」という思い込みがある私は、介助者たちの報告――例えばトッキーが授業中皆でするゲームを嫌がり参加拒否したことや、書くことに疲れてか、解けそうなテストを白紙で出したことなど心配ごとに対して「まあ、学校生活を楽しんでくれればそれでいいと思ってますから。勉強は二の次でも」など、本気でとりあわずそっけなく返していました。ある日もまたしてしまったそのような受け答え。それに対して、ユキヤスさんが「学校ですからね。楽しいばかりというわけにはいかないですけどね」とピシャリと返してくれたのです。そのひとことで目が覚めました。楽しませ笑顔にすればそれでいい、障害のある子どもはそうしたものだ、あなたには何も期待しないよ、失望もしないよ。……そう特化された学校にハルを通わせ、そういう「重い障害がある子の親用の」好ましいとされる態度をすっかり身につけていることに私は自覚が足りていなかったのです。

この日を境に私は先入観なくトッキーの「学び」に真剣に期待し、無限に応援するようになりました。「障害のある子どもの親」というカテゴリー自体を否定し、呪縛から逃れ、どこまでもただの「子どもの親」であろう、と決意した日でした。

ハルが小学校を卒業した春、トッキーは二年生に進級しました。トッキーにとって目を見張るような充実した一年間でしたが、その喜びが瞬時に吹っ飛ぶほど悪いニュースがもたらされました。この年から教室が二階になってしまったのです。「特別支援教育推進」の流れを受けて、大根小学校も一階フロアすべてを週一回の「発達障害児のための通級クラス」のために提供することになったのです。トッキーの体重は今よりずっと軽かったものの、階段の昇降回数は激増し、過剰な責務を負うことになった介助者たちと、その都度命の危険にさらされるトッキーのことを考えると始終、気が気でありませんでした。ほんの一年前に一階のトイレを車いすでも入れるように改修したことを考えると、せめてもっと計画的にできないものかとうんざりした気持ちにさせられました。

「拡大教科書」という配慮

トッキーの小学校生活が始まって間もなく、「なあんだ、障害があるからといって別に用意された教材もそれ用の方法も用意しなくてもいいんだ」ということを小さな驚きをもって知りました。字を覚えるときは書き取りでひたすら書く。計算は理屈が分かったらあとはひたすら問題をたくさん解く……。

同じ教材を用いることにこだわって、どうやったら同じように使うことができるかを考えればよい。

これを実行に移すのは、既に生活の中で「フツー」にどん欲になり、日々それを意識して過ごしてきた私にとっては、容易なことでした。まず、気になったのは、トッキーに教科書の文字や図表が《見えている》のか、ということでした。

トッキーは一歳を過ぎたころ、日本水頭症協会での「お母さん仲間」の紹介で、子どもの弱視(58)にくわしい眼科医に受診することができました。結果は「強度の弱視と乱視」。黒目が左へ右へと本人の意思とは関係なく流れがちだった幼いころのハルとは違い、赤ん坊のころからバッチリカメラ目線だったトッキーの視力を気にしたことはありませんでしたので、この結果は意外でした。

弱視治療用メガネは、ずっとかけている必要がありましたから、トッキーのメガネはトレードマークのようなものになりました。七五三の記念写真の撮影のときに「反射して光っちゃうの

58

で」とカメラマンが外してしまったときも、何だかトッキーとは別人のようで「かけたままというわけにはいきませんか」と食い下がったほど、トッキーといえばメガネ、でした。そんなわけでトッキーは視力をマイペースで育てることができました。しかし、黒板に書かれたものは見えていても、どうやら手元には焦点が合わせにくい様子でした。

「見えにくい」ということでは、まだ一年生の教科書は文字が大きく、ひらがなや画数の少ない漢字ばかりなので、あまり不自由していないようでした。明らかに課題がありそうなのは算数でした。算数は、まず数を数えることから学ぶために「お皿に乗ったあめ玉」とか「木にとまった小鳥」など可愛いイラストがふんだんに描かれています。こうした、同じ種類のものが数個描かれているパターンについては、一つ説明があれば想像がつくのでまだいいのですが、これが「動物園」「公園」など風景が描かれた大きなイラストで「この動物園にキリンは何頭いるでしょう。猿は何匹いるでしょう?」。「この公園に犬は何匹いますか?」というようなものだと、トッキーにとっては、ただののっぺりしたきれいな色の絵としかとらえられず、背景とピックアップされる要素の境界があいまいで識別が難しいようでした。また文字についても、見出しや「ここがポイント!」と囲いがしてあるもの、飾り文字などは、文字と背景の色のコントラストが低く(あるいは書体によっては全部絵か色模様に見えてしまう)見づらいようでした。

そこで、コンビニで全てA3大に拡大コピーをした上で、図表やタイトルなどの色のトーンが薄い部分は、同系の蛍光ペンで塗り重ね、境界があいまいなところは黒ペンで境界線を引き、巨大なクリアファイルに入れて学校に持たせることにしました。学校で授業中取り組むプリントは仕方ありませんが、家に持ち帰る宿題のプリントなども、できるだけ間に合わせて拡大コピーして提供するようにしました。

「拡大」は「視力・視能」とは関係ないところにも役に立ちました。宿題用の「漢字ドリル」です。トッキーは手指が不自由なので、例えば文字を書くとき、一画書くと、次の起点に筆先を移動することが難しい。小さな文字を書いていると何を書いているのか分からなくなってしまいます。もう覚えてしまった文字ならいいのですが、覚えるための「書き取り練習」は、必ず大きな文字でする必要がありました。「漢字ドリル」はなぞり書きするマスとその続きにそらで書くマスがあります。マスを大きくすること、ただそれだけで、トッキーは他の子と同じ方法（何度も書き取り練習をする）で文字を覚えることが叶ったのです。コンビニでのコピーは、結構な手間と費用がかかりましたが、明らかにトッキーが「見えやすく、書きやすく」変身した教材でストレスなく学んでいる手応えを感じると、苦労も何とやら、でした。

入学前の条件の中に「毎年度末、トキオさんの大根小学校での様子を確認する」ための教育委員会と学校長と保護者の三者面談[59]の実施がありました。もうすぐ二年生になる頃の初めての面談の中で「何かお困りのことはありますか」と尋ねられ、エレベータ設置の要望とともに、拡大コピーに費用がかさんでいることを打ち明けると「学校のパソコン室のコピー機を自由にお使いいただいて結構です」と校長先生から提案があり、ありがたく放課後の時間帯にちょくちょく出向いて使わせてもらうことにしました。

それにしても「拡大」というのは奥が深いことが分かってきました。例えば、ルビ。単純にコ

59

ピーしただけでは到底「都合のよい」大きさにはなりません。それからレイアウト。文章の中にはたびたび「右の図」「次ページを見てみましょう」などの指示が出ていますが、これをレイアウトによっては変更しなくてはいけないところが出てきます。

次第に、拡大された教材のクォリティに欲が出てきました。視覚障害の人のすべてが全盲で点字を読めるわけではなく、弱視（＝見えにくい／見え方が違う）の人も大勢いて、そのための「大活字本」があるということは知っていましたので「それを作っている人たちに会ってノウハウを教わりたいなあ」と思うようになりました。するとまたしてもタイミングの神様が降臨したのです。

その夏休み、うちから歩いて行けるためよく使っている隣のO区の図書館の掲示板に「S図書館拡大写本研究会」という団体が、拡大教科書作成ボランティアを募集するというポスターを見つけたのです。いつかコンタクトを取ろうと思ううちに夏休みは明けてしまい、喧噪のうちにそのことを忘れかけていました。いつものように大根小学校でコピー機を使い終わりパソコン室の鍵を職員室に返しに行ったある日のこと、隣の部屋にいた校長先生が顔を出して「それ、大変じゃありませんか」と尋ねてきました。「いや、でも甲斐があることでして……」と説明しようとすると「それは分かっています。トキオさんが拡大教科書の支給対象に当たると思うので、来年度から申請しようと思うのですがいかがですか」と言うのです。

この前年、「障害のある児童及び生徒のための教科用特定図書等の普及の促進等に関する法律（教科用特定図書等普及促進法[60]）」が施行されていました。それまでも、S図書館拡大写本研究会の

60

ような全国のボランティア団体が自主的に、弱視の子ども向けに、必要に応じる形で教科書の文字・図表をその子に最適な状態で拡大したり色の変更をしたりして編集し直した「拡大教科書」をオーダーメイドで作って提供していたのです。それら団体の意見・ノウハウを求めながら、義務教育の教科書については、文字の大きさを基準に数パターンのレディメイドの拡大教科書を編集・出版するように義務づける、というものでした。まずは施行後、それを必要とする子どもがいるかどうか、どんなニーズがあるのか把握するため、通常の学校・盲学校を問わず調査が入ることになり、大根小学校の校長先生も知ることになったというわけです。

「ぜひ」とお願いすると、数日後、副校長先生が、文字の大きさや見え方などトッキーのニーズを把握するためのアンケートと、紙面のサンプルを持ってきてくれました。そのサンプルの制作者欄に「S図書館拡大写本研究会」と書かれていたのです。さっそくコンタクトをとり、事情を説明して文字の大きさなど細かな相談をするために、その活動の日に出向くことになりました。代表の方が親身に相談にのってくれ、トッキーの三年生の教科書の文字や書体などを決めることができました。

そこで活動に参加されている方々はいわゆるシニア世代（仕事を引退され、また子どもを育て上げられて、悠々自適の第二の人生を楽しんでいる人）が多いのですが、私たちがよく「ボランティア」という言葉に抱く甘っちょろい雰囲気はみじんもなく、皆さんそれぞれの特技を活かし、職人気質と言っていい真剣さで取り組まれています。まさに本づくりが「好きで好きで、やらずにはおられない」という様子。皆さんの真摯な姿勢はもちろんですが、私が一番感動したのは、初めてお会いしたとき、代表の方がかけてくれたこんな言葉でした。

オーダーメイドは大変ですが、たとえ全く同じ条件・内容でも、もちろん使い回しはしません。できませんよ。だって、四月にパリパリの、あの新品の、独特なノリの匂いのする教科書をもらって、名前を書き込んで、最初のページに折り目をつける……みんなでいっせいに新学年の空気を味わう。子どもにとって大事なそのことを、何より大事にしたいから。

おかげで、翌年度からは全教科、副読本も含めて「拡大教科書」が支給されることになり、コピー作業に奔走することもなくなりました。文科省から送られてくる使用者アンケートには「手指が不自由な息子が漢字を覚えるためにも『拡大』が役立ちました。視覚障害という障害種、いやいっそ障害の有無を限定せず、必要に応じて提供し共用品としてニーズを掘り起こして下さいますように」と伝えました。

エコ川柳

もうすぐ二年生も終わり、という冬休み。M区清掃局から電話が入りました。トッキーが応募した「M区おかいものルール川柳」が「小学生部門の区長賞」で入選したというのです。すっかり忘れていたのですが、夏休み前にM区がエコロジーを考える川柳を募集していたのを、先生が授業の中で取り上げてクラスの皆に書かせてくれたのです。トッキーも自分の書いたものを家に持ち帰って来ました。

はじめての　おかいものから　マイバッグ

「これって、初めておつかいを頼んだときのこと?」「ウンッ」……二年生に進級する前、学校の授業か友だちの影響か分かりませんが、しきりに「おつかいをしたい」と言い始めた時期がありました。学童保育クラブに通っているので、平日は、なかなか放課後に行ってもらう機会がありません。春休みにやっと都合のいい日が見つかり、頼むことができました。ちょうど、近所のコーヒー豆屋さんからもらった開店記念のエコバッグがあったので、それにトッキーの名前と住所を書いて「じゃあこれはトッキーのおつかい専用エコ袋。レジ袋はゴミを増やすからね」と、その日、買物メモ・お金と一緒に渡したのです。

「へえー、なかなかいい句じゃん」……用紙がハガキ型になっていて、切手を貼れば出せるものだったので「応募してみれば」というと、めずらしく答えは「ウンッ」。そこで切り取って仕事に出たついでに、ポイッと投函してきたものでした。

さらに電話の相手の話を聞いていると「区役所で授賞式が行われるのですが、ご都合はいかがでしょうか。区長賞はいわば大賞に当たるものです。そこでトキオさんにはスピーチをお願いしたいのですが、まだ二年生ということですし、お母さまかお父さまが代わりにされてもいいかと思いますが」とのこと。トッキーが口が利けないことを説明し「本人にスピーチの内容を考えさせて、親が読む、というのでよろしいでしょうか」と伝え、また「車いすを使用しているので表彰台などに段差があると厳しいのですが」と伝えました。大賞と聞いて私も驚いていましたが、相手にとっても「その子が口が利けず車いすに乗っている子」だというのは、とても意外だったと思います。しかし「そうなんですか！」という声は少しも迷惑そうではなく、むしろ嬉しそうに聞こえました。

授賞式当日は雨でした。日曜日の区役所は、授賞式が行われる部屋以外は、電灯も落ちていて、ひっそりとしていました。しかしたくさんの子どもたち、保護者たち、先生たちが集まりなかなか華やいだ式になりました。受賞作が一つひとつ大きなスクリーンに映し出され、選考委員の人たちがコメントをしてくれるという素敵な計らいがありました。最初にトッキーの句が映し出されました。

「川柳は、ハッとする言葉、パッと映える言葉が決め手です。この句で言うところ。《はじめてのおかいもの》、はじめての……ドキドキやワクワク感がよく表現されていて素晴らしい」という評をもらいました。トッキーは終始真っ赤になってうつむきながらでしたが、区長から賞状を受け取って、ヤマシタがことの次第を説明しました。（トッキーは、何か面倒なことに巻き込まれたと思い込み、この日まで「イヤだ」と言い続け、結局スピーチをひとことも書きませんでした。）

授賞式のあとは、廃物を利用した楽器で演奏をしている地元の音楽家を招いて、楽器作りや演奏のワークショップを楽しんで帰ってきました。

　そこでもらったフィルムケースでできた楽器やＤＶＤなどお土産を持って翌日学校へ行くと、その日一日中、学級はその話題で持ち切り、トッキーは、先生に、皆に、誉めちぎられ持ち上げられ、もう「ヒーロー状態」だったそうです。シャツのボタンが飛ぶのではないかというほど胸を張って肩をいからし「えへん」といばって帰ってきたトッキー。胸を張ったまま出かけて行った次の日は、すっかり何ごともなかったかのように日常の世界に戻っていたそうです。がっくり肩を落として帰って来る姿は、なんとも可笑しかったです。


　実は、私はこの川柳で、全く別のことに気づいて感じ入ってました。この少し前まで、障害のある子どもを対象とした公的で恒常的な介助人派遣制度は一切存在しませんでした。その頃だったら、自力で移動できないトッキーは「はじめてのおつかい」を経験することができなかったということです。おつかいに行く、いや母親に頼まれることさえなかったでしょう。

　この頃、都内ではＪＲに続き私鉄各社でもＩＣカードが一気に普及しました。トッキーは、それ以前のプリペイドカードでは操作できませんでしたが、ＩＣカードなら、手に持ちやすい分厚めのカードケースに入れたままタッチすればよいので動作も楽になり、改札を通過する動作を自分で「仕切れる」ようになりました。それ以来、鉄道ファンの中でもいわゆる乗り鉄（電車に乗ることが好きな鉄道ファン）となり、用もないのにひょいと好きな電車に乗ってくることを楽しむようになったのですが、それを聞いた私と同世代の車いすユーザーの知人が「少し前だったらバリアだらけで、車いすに乗ってる子がひょいと乗り鉄なんて不可能だったよねえ～」と感慨深げにつぶやいた言葉を思い出していました。私は、都市部でのその時代（行けば当たればバリアの時代）の最後を確かにハルと生きてきたにもかかわらず、言われるまで全くそれに気づきませんでした。

自分が気づいていることの百倍も千倍も、考えを実行した人が想定していたことの一万倍も百万倍も、たくさんの「可能性」「当たり前」が生まれ増殖し続けているのですね。

トッキー、班長に立候補する

トルネード学童保育クラブでは三年生が最高学年です。二年生の終わるころ、三年生が卒所する前に「最高学年の練習」ということで、班長選挙に二年生が立候補することが許されます。皆思いのほか「班長」に憧れていて、選挙に負けた子が大泣きしたりケンカになったりと毎回大騒ぎ。トッキーは目立つのが大嫌いなタチで、こういうことに消極的だと思っていたのですが、この時「立候補したいと言った」と連絡帳にあるのを見て、「へえー」と感心しました。気になったのはそのあとです。「トッキーも立候補したいと言ったので班長さんは色々役割があるよねと説明しておきました」と書かれていたのです。これだけでは、指導員の真意は分からなかったのですが、もしこれが「障害があるから役目を果たせない。だから立候補はできないよね」という説得だったとしたら、大きな問題です。ちょうどその頃障害のある人にかかわる「欠格条項[61]」についての講演を聴いたばかりで、どうも延長線上のことに思えてならなかったのです。

61

「欠格条項」とは「この障害のある人はこの試験を受けられない」とか「この障害のある人はこの資格を取れない」など、障害があるという理由で免許や資格を取得することの制限や禁止を定めている法律・条例・規則のことです。職に関することだけではなく「常時介護が必要」な人が公営住宅に単身で入居することを断られたり、最近では「成年後見制度」を利用したのを理由に、選挙での投票権を失なうという事件[62]がありましたが、これも「欠格条項」に当たります。この問題に取り組んでいる「障害者欠格条項をなくす会」がまとめたところでは、今でもなんと三百近くもあるのだそうです。

その晩、トッキーに「班長に立候補したんだって？　いいね！」と何くわぬ顔で聞くと、ぼんやりした表情で首を横に振りました。指導員の言葉に、何か「絶望」を感じてしまったようでした。思い切って、連絡帳に考えをつづりました。

もし手指が不自由で自分で一歩も移動できなくて、口が利けない……ということを理由にトッキーが《班長はできない／立候補してはいけない》と判断されたのだとしたら、困ります。それでは障害者は単身でできないことは何もできないことになってしまう。はたして班長の責務をまっとうするためにただひとりでそれをこなすことは求められていることでしょうか。人の手を必要なだけ借りて《する》ことはトッキーが《する》ことだと、そういう意味で《限界》などないのだと、トッキーはもちろんトルネードの子どもたちには、そう思って安心して

62

育って欲しいと願っています。

指導員は、何かに気づいてくれたのか、そもそもそういう気がなくかけた言葉だったのかは分かりませんが、すぐにトッキーに、立候補するか再度聞いて励ましてくれたようです。その時は、すっかりへこんでしまって「絶対しない」という返事でしたが、三年生になると、果敢に挑んで、幾度かの激しい選挙戦の末、ある時ついに班長の座を獲得しました。（後日、闘った相手は泣いてくやしがっていたと、その子のお母さんが笑いながら教えてくれました。）結局、班長の責任はとても重くて大変だったようで「もうこりごりだぁ〜」と、それ以後トッキーが立候補することは二度とありませんでしたが、トッキーにとっても、周囲にとっても、いい経験になったできごとでした。

万人のための学校、万人のための社会に生まれ変わるための準備

「M区が財政難であること」を理由にその年も要求はしりぞけられ、エレベータ設置のないまま四月、三年生の教室はついに三階になってしまいました。こんな状況であるのに、私は、この頃にはもう、トッキーの受けている教育は「統合教育」ではなく、「インクルーシブ教育」であり、その環境は、そもそも分けられていない「万人のための学校」であるとみなしていました。こう言いながら、エレベータもスロープもない、車いす用のトイレも一階にしかない、介助者の給料も大半が家計から拠出、という状況のどこが「万人用」だよ、とわれながら思います。しか

し、今や運営側も行政も「今の状況が足りないものだらけ」で、決して現実に即したあるべき学校の姿ではないときちんと認識している、と言える自信がついてきたのです。

　三年生になってすぐのことです。路線バスに三十分ほど乗り、M区立美術館に美術鑑賞に行くという校外授業がありました。その数日後、何かの用事で学校を訪れたとき、校長先生に呼び止められました。校長先生は、思い切った様子で「こんなこと、私の立場で言うべきことではないのかもしれませんが」と前置きして、こんなことを打ち明けてくれました。

> 　いつものように、私は校外授業に同行しました。路線バスの運転手さんは、トキオさんを見るとすぐに後扉のスロープを出してくれました。車内もいつでも車いすに乗った人が安全に乗れるようにスペースがつくられていました。美術館へ行けば、エレベータ完備で通路も広々していて、トキオさんだけ行けないという場所は一つもない。どこに行っても当然のように「どうぞどうぞ」という感じで……。帰ってきて学校に入ると、階段だらけ。段差だらけ。あらためて「学校ってなんて不便なところだろう」と感じてしまいました。

　ノンステップバス(63)も、その美術館のような建物も、わが家にとっては既になじみが深い「当たり前」のものでしたが、校長先生にとっては新鮮な驚きだったのです。それはそうです。ずっと「障害のない子のために特化された」学校で子どもたちに教え、行動してきたのです。「統合教育」で障害のある子に出会うこともあったにしても、当時の公共は、学校と変わりなく「障害の

63

ました。

ある人」を全く勘定に入れていないものだったはずです。その素直な驚きに私はとても励まされ

もう一つ印象に残るできごとがありました。この年の遠足では、担任の先生から子どもたちに「トキオさんのいる班はトキオさんとバリアフリールートで行きましょう」と提案がありました。例えば駅での移動の際は、皆が階段を行きトッキーはエレベータで行って合流する、というのがいつもの流れでしたから、私はそれを聞いて「へえっ」と感心しました。トッキーも子どもたちも喜んでいたそうです。しかしいざ当日、班の皆でエレベータの前に行くと、そこには、ベビーカー連れの人、足が不自由なお年寄りなど、たくさんの「エレベータが必要な人たち」が待っていたのです。トッキーのいる班の誰からともなく「やっぱりいつものように別れて合流ねっ」と即座に全員が納得して判断しました。先生も子どもたちもトッキーも瞬時に「優先」ということを身を以て学んだできごとでした。

成員のバリエーションによって、こういう気づきや発見の機会が日々つくられ、各人の認識がアップデートされていきます。「バリアフリー新法」は環境そのものを提供したに過ぎませんが、それによって質量とも増した成員のバリエーションと新しい出会いが生まれ、その後「公共」と「公共のあるべき姿」の認識を日々有機的に、無限に育てていきます。

校長先生のその日の「発見」と遠足での皆の「発見」を象徴的なできごととして、私はあえて現状の不備だらけのこの学校を「この学校は既に万人のための学校である（少なくとも

生まれ変わりたがっている）」と断言しました。

「スゲー」

トッキーのクラスメイトは、よく「スゲー」という言葉を使います。私が育った三浦半島では「著しい」というような意味の方言ですが、現代っ子にとっては、掛け値なしの賞賛の意を表したいとき、とっさに口をついて出てくる言葉のようです。介助者たちから、「友だちからスゲーと言われてました」という話をよく聞きます。トッキーがボールをキャッチするのを見て「スゲー」。膝の上でサッカーボールをリフティングしてたら「スゲー」。気まぐれに車いすのリムを漕いで自分で進んでいたら「スゲー」。音楽の時間、リズムを刻んでいたら「スゲー」。……どれも、賞賛している友だち自身は、たやすくできるかもしれないことですが、本気でほめているのです。また、トッキーもよくこの「スゲー」を表明します。ギャグが面白い、「嵐」の新曲の振り付けをもうバッチリコピーしてた、歌声にジーンと来た、マラソン大会でアイツがまたぶっちぎり一番……など、様々です。自分がそれをできるかできないか、自分にとってたやすいか難しいか、……そんなことはどうでもいいことのようです。

「スゲー」は憧れや羨望といった「自分と他者、他者と他者」との「相対賞賛」とは対極にあるもの、すなわち「絶対賞賛」。私は、動物の中で「想像力」が抜群に長けている人類だからこそもてるすごいセンスだと考えています。そして、このセンスに磨きをかけることができる時期が、おそらく小学生の頃なのかもしれません。「個」は絶対的に「個」であり、一つとして同じものや代わる存在はいない、かけがえのないものだということに、やっと気づくのは小学生時代だからです。

また、たくさんのものごとと出会い、経験する機会を得るなかで、自分には不思議と努力してもどうしてもできないこと、苦手なことがあることが、はっきり分かってくるのも小学生の頃です。なぜそれを知ってしまっても不安のどん底に陥らないかと言えば、実はその自分の不可能をたやすくやってのけてしまう「個」もいれば、逆に自分にとってたやすいことが苦手な「個」もいるということも同時に知るからです。そうして助け、助け合い、分かち合っていけば、自分は今の自分のままで、安心して堂々と生きていけるのです。何しろ、百人集まれば百通りの「個」があるのだから。こう考えると小学生時代は「自分が得意なこと」よりむしろ「自分が苦手なこと」を見つけるのに絶好の時期だと思います。「自分にはどうしてもできないことがある」と思い知ると同時に、それが「でもそれはアイツにならできること」と分かるから安心して見つけることができるのです。この「皆自分らしいままで生きていける」という一度得た安心感は、その後訪れる思春期の嵐の中で、自我に目覚めて他との比較によって自分の姿を見いだそうともがき過剰な自意識に苦しむとき、一度見失うことはあっても、その時期を乗り切るためのお守りとしての役割も果たしてくれる気がします。

「安心して生きていける」というと、何か消極的なギリギリの「ライフライン」の話をしているように感じられるかもしれませんが、そうではありません。このバリエーションが保障された「個」と「個」の組み合わせがあれば、人間の（社会の）可能性は無限に広がるのではないでしょうか。できないことなど何もないと言い切ってしまえそうな気がしてきます。

さて現状のこの国の教育では、それは保障されているでしょうか。残念ながら、むしろバリエーションを奪い、均質化しようという逆の方向を目指しているように思えてなりません。まず、「障害のある／なし」で分類し、さらに障害のあるほうは「障害種」で分類し「それぞれの種にふさわしい特殊な課題を用意」し、障害のないほうは「すべての子がすべての学びについて同量同質に達成すること」を目標に均質化が奨励されています。まずあらかじめなるべくバリエーションの貧弱な環境にしておいてから、さらにバリエーションを否定し「個」を「なるべく同質」にしようと有害無益なことをしているように見えます。痛ましいイジメや、自死、強い意思で行う登校拒否は、そうして、生きる動機となる「自分とは違う相手、自分と補い合い、共にアイデアを実現する相手の不在」に対して無意識のうちに危機感をもった子どもがとる抗議行動、改善の要求・提案ではないでしょうか。また、ここ数年「自分が何の職業に就いたらいいのか分からない」という若者や、どう考えても自分に向いていない仕事に就いて苦しむ人が多いのは、小学校時代の、この「動機づけ」の不在が大きな原因なのではないかと思えてなりません。

この国の公教育は、日本型インクルーシブ教育システム[64]と銘打って、地域の通常学校・学級の成員に豊かなバリエーションを「場合によっては許可する」という姿勢を見せ始めていますが、これでは全く足りません。むしろ積極的にそれを「求める」べきです。子どもたちの「スゲー」というセンスを尊び、そこから学ぶのです。

64

トッキーの小学校生活が素晴らしいワケ

あり得ないことですが、トッキーの障害が治ってしまったら——トッキーから「障害がある」ということを無理矢理「抜き去って」しまったらどうだっただろう、と考えずにはおれません。トッキーがもし、障害を「克服」し「健常児」になった結果、ペラペラとしゃべることができるようになり、すたすた歩けるようになったとしたら。そのための努力やら成果やらが日々求められ、賞賛されるという条件つきで、学校・学級に歓迎されたとしたら。

……それが何だというのでしょう。何の意味があるでしょう。言ってしまえば、それはトッキーという存在が一度否定され抹殺され、姿と記憶をインプットされた、障害がないということ以外はそっくりな人物とすげ替えられたようなものです。その子どもは、もはやトッキーではありません。私の息子とは別の人物です。

トッキーの小学校生活が素晴らしいと思う理由はたくさんありますが、「強いて一番素晴らしいと思うことは？」と問われたら、迷わずこう答えるでしょう。

トッキーが、入学したときから全く変わらず、口が利けず、体が不自由なままでいることに注目してください！　そしてそれを誰一人心配せず、その成長ぶり・健康なさまを喜んでいることを感じてください。トッキーだけではありません。皆がありのままの姿で、その数だけある豊かなバリエーションを謳歌させ成長し、前を向いて堂々と認め合い、共感し、学び合っている学校生活であることが分かります。それが一番素晴らしいと思うことです。

「発達」なんて、保障できるものでも保障すべきでもないものです。保障されるべきは「例外なく、それを望むすべての子どもが共に教育を受けること」です。「合理的配慮」はそれを実現するための日々の手立て、その試行錯誤の積み重ねは万人のための学校・教育として生まれ変わるための糧となります。

未来に求められているのは、それによって自動的に保障される「バリエーションに恵まれた環境」なのです。

一流の教育、一流の介助

私が小学生の頃は、音楽や図工も、担任の先生が教えていました。仕方のないことですが、言ってしまえば、「表現の喜び」もへったくれもなく、求められた感想をもつことが求められ、決まった技巧と表現を押し付けるかのように教えられ、それを評価される、という味気ないものでした。私はどちらかというと奏でたり、作ったりするのが苦でないほうでしたからそれでもまだよかったのですが、どうしもそれが苦手な子は、本当に音楽なんて聴くのもイヤ！　絵の具を見ると吐き気がする！　という状態に追い込まれていました。私は、体育の授業がすべからく苦手だったので、「ああ、きっと私にとっての体育の授業のようなもんだ」とその気持ちを理解していました。低学年のころは、外でどろんこになって体を使って遊ぶのが好きな子どもでしたが、

「体育が苦手な子」という自分に貼られた評価に矛盾のないようにしたかったのか、次第に「体を動かすのが好き」ということまでやめてしまいました。

トッキーが入学して、今は小学校から、音楽や図工など専門科目は専科の先生が教えてくれる、と知ったときは、期待に胸がふくらみました。そして実際それは、その期待や予想をはるかに上回るものでした。

音楽の先生は、最初の授業の最初の瞬間から全く戸惑うことなく、トッキーの「ウン、ウン」という発声を「歌」だと見抜いて、迷うことなく認めてくれました。トッキーと初めて会う子どもたちの中には「迷い」のあった子もいたと思います。しかし先生のその確固とした態度に倣い、皆の中でもそれはあっという間に「常識」となりました。先生は、皆にするのと同じように、トッキーが大きな声でのびのびと「歌え」ば、ほめ、気持ちが入らないときは励ましてくれました。やがて、皆と一緒に、悲しさや楽しさ、時には言葉にできない「気持ち」を歌声や音色にのせる表現も学び、それを味わうことの喜びも覚えていきました。

トッキーが四年生になった頃、ユキヤスさんの「今日音楽の時間に教わった歌は悲しい歌でした。トッキーは曲調に合わせて静かに感情を込めて声を延ばして歌っていました」という報告は本当に嬉しかった。それまでリズムやアクセントなど「動」の表現は拍子をとったり踊ることで楽しんでいるのは気づいていましたが、表現したい欲求や力はその程度ではないことを知り、また驚かされました。トッキーの感情そのものも言葉や表情だけではフォローできないほどのボリュームに成長していたのです。

図工の授業も素晴らしく「表現の嬉しさ」に徹底していました。個々の表現（バリエーション）すべてを賞賛し、また子ども同士が「個」を賞賛し合う絶好の機会ととらえてくれていたように思います。最初の授業から、トッキーが介助を得ることでのびのびと表現できるということを認めてくれました。扱う道具によっては介助の介入度が九九パーセントになってしまうかもしれません。「それでもそれはトッキーの表現（動作）である」ということは、多くの人にとって、まだまだにわかに理解するのは難しいことですが、先生はそれを「当たり前のこと」としてすんなり受け入れてくれました。

それは、音楽の歌のときと同様、子どもたちの中でもすぐに「常識」となりました。これらの「常識」は、もちろんトッキーの中に既にあったものですが、同じ「常識」を受け入れ、そのままの姿で共に学ぶことができるようになったのは、専科の先生たちの「表現」に対する深い理解と愛情の賜物であり、それに裏打ちされた迷いのない確固とした態度のおかげです。トッキーは言うなれば「信じられないくらい手指が不器用」ということになりますが、表現が大好きな子どもになりました。他の子もそうだと思います。表現を味わうこと、表現すること。それがどんなに子どもたちの今後の人生を助け豊かにしてくれることでしょう。

ハルとほとんど同じ障害のあるトッキーですが、「シャバ」で暮らす限り、彼が音楽に合わせて大声で歌い踊っているのを見て、一緒に歌ったり、「声が大きすぎてうるさい！　ちょっと静かにして」ということはあっても「音楽療法のおかげでリズムに合わせて発声できるようになり身体の可動域が増えた」など言う人は一人もいません。作り上げた版画を見て「なんてきれいな色づかいなの！」とほめることはあっても「作業療法のおかげで手指の精緻性が格段に発達した」などと言う人もいません。

でももしハルが同じことをし始めたら「どこで○○療法を受けてるの！」と、そして、計算や漢字を覚え始めたとしたら、「どんな障害児教育メソッドを受けているの」と聞かれるのは間違いありません。

二　排除、排除、排除！

なんでも「療法」にされる

一方で、ハルの受けてきた「特別支援教育」のうち、最も我慢ならなかったのが、これら「表現」の学習でした。本来、表現の楽しみについて学ぶための「音楽」や「図工」までもが「障害を治す／軽減する」ためのツールと見なされているのです。指導するのはもちろん表現の世界と縁もゆかりもない特別支援学校の教師たちや療法士たち「障害・福祉の専門家」。手指の巧緻性を高めるために、手と目の協応をうながすために、音に反応するために、……「表現」が利用されるのです。それは「音楽療法」「絵画療法」などと呼ばれます。

学校の外にあってもそうでした。何か表現の世界に一歩足を踏み出すと「ああ、〇〇療法ね、脳に効くんだってね」。「ああ、〇〇セラピーね」などと決めつけられてしまうのです。表現だけではなく、それはスポーツやレクリエーションなどあらゆる分野で応用されています。ガーデニングをすれば「園芸療法」、乗馬に挑戦すれば「乗馬療法」、挙げ句の果てにペットを飼えば「動物療法」という分野まで設けてあり、その効用を大真面目で研究し内輪で盛り上がる人たちが後を絶ちません。

ハルの中学校探し

少し時間を戻します。トッキーが黄色い帽子をかぶって「行ってきます」と出かけて行き、そのまま校内にあるトルネード学童保育クラブで過ごし、六時に迎えのヘルパーさんと一緒に集団下校班で「ただいま」と帰ってくる……という生活がすっかり定着した頃。今度は、来年度のハルの中学選択について決断しなくてはならない時期になっていました。やれやれ、息つくひまもありません。

私もヤマシタも、もはや「特別支援教育」に何の期待もしていませんでしたが、ここまで来てしまったハルが「中学校で一斉授業を受ける」ということは、もっと想像しがたくなっていました。トッキーが小学校で、「よくもまあ毎日こんなにも」と言うほど、皆と机を並べて一秒も無駄なく学び合い、思い切り遊び、感じ合って完全燃焼して帰って来る様を見せつけられるにつけ、ハルがどんなにたくさんの時間と出会いを奪われて、ここまで来てしまったか思い知らされたのです。ハルがトルネード学童保育クラブに在籍していたときは「放課後の時間を近所の皆と遊んで過ごす」ことで「こと足りている」と思っていたのですが、とんでもなかった。多くの小学生にとってその時間と空間は、わずかな一瞬に過ぎなかったのです。

中学校にも特別支援学級はあります。しかし、籍はM区立中学校内の特別支援学級でも、実際に通うのはそれまでどおり菜花小学校内のたけのこ学級です。中学生になっても相変わらず小学校の敷地にハルを通い続けさせるということに抵抗を感じましたし、それまでの保護者会での親同士のやりとりでどうしても気になっていることがありました。

以前は中学生の生徒も在籍校の体育祭ではなく、菜花小学校の運動会に出場していた、という話。「えー！（ひどいね）」と驚く私に、先輩お母さんから「たけのこの子たちは、まだ小学生みたいなものなのだから、そのほうが楽しいに決まっているのに。中学の体育祭に出てもやることないじゃない？」と過去の仕打ちに肯定的な意見を返され、黙り込んでしまったことがありました。これ以上たけのこ学級にハルが身を置いていると、保護者である私のほうの感覚がおかしくなってしまいそうでした。

いろいろなところに見学に行きました。最初に保護者説明会に出向いたのは、菜花小学校の学区の中学校でした。M区内は、少子化と私立・都立中高一貫校への進学率の高まりから、区立中学校の在校生が年々減っており、二、三校を統合する計画が進められることになりました。その第一号となったこの中学校は、まさしく平成十八（二〇〇六）年「バリアフリー新法」が施行される年の春に開校したところで、エレベータ完備、各階に多目的トイレが設置されています。

ユニバーサルデザイン[65]の考えのもと設計されたこの学校には、もう一つの特徴として、開校の前年施行された「発達障害者支援法」の要求に応えるべく、情緒障害特別支援学級[66]が設置されていました。私とヤマシタが出向いた保護者説明会もこの学級への入学希望者のためのものだったのです。そこで目にしたのは、「うちの子は知的障害者と違って勉強をさせる価値がある」と言

65

66

うお父さん、お母さんたちの、ものすごいプライドとあからさまな差別感覚でした。それは、何というか……鬼気迫るものがありました。

その昔、ハルが赤ん坊のころ「障害」ということに急速に好奇心をもちはじめた私が、○区主催の「初級手話講座」に参加したときのできごとを思い出しました。連続十回のその講座の最終日、長年、権利獲得運動にかかわってきた地元の聴覚障害当事者団体の代表の方が、聴覚障害のある人の苦難の歴史を語ってくれていたときです。それまで「うん、うん」とうなずいてお話を聞いていた私は、続くひとことで凍りつきました。

……話しかけられても反応しない。「知恵おくれだ」と勘違いされてしまうのです。その屈辱といったらありません。バカのように扱われてしまうのです。

その人は感極まって涙ぐんでいました。一〇〇パーセント、悪気なくそう語ったのは間違いありません。聴衆の中にも「ああ……そんなひどい目に」とため息をもらす人もいました。しかし私は「知的障害がある（と目されている）人」に対する、どこまでも、どこまでも深いさげすみがこの世の隅々まではびこっていることを実感してがく然としたのです。

「小学校では字も数も教わりませんでした。言葉も操れません。正直、分かっているか分かりません。でもエレベータがついているからここで過ごしたいのです」と言ったら、そこにいる人たちの口からどんな言葉が飛び出すか、もう考えただけでゾッとしてしまって黙ってそこを去りました。

もう一つ、うちから歩いて行ける隣の中学校に「知的障害児特別支援学級」が併設されていました。そこの中学校もエレベータはないのですが、特別支援学級は一階にあり、体育館も一階。移動に関しては日常的には問題ないようでした。でも、渡された資料の「時間割」を見てびっくり。毎日「体育」の授業があるのです。ある曜日には二時間もあります。残りの多くを占めているのが「作業」という時間。その合間に遠慮がちに「国語」など学科が見られます。「なんだか刑務所みたい……」。説明会でそのことを尋ねてみると、校長先生が「あの子たちは、日中このくらい運動させないとねっ。帰る頃はくたくたになってないと」と笑顔で元気よく答えました。周りを見ると「そう、そう」とワケ知り顔で微笑み、うなずくたくさんの保護者たち。何ともイヤな気持ちを抱えながら、その後は授業を参観しました。「(身体障害のない) 知的障害のある子のための特別支援教育ってどんなものなんだろう。どんな工夫があるんだろう」と淡く期待する気持ちもありましたが、今回も見事に裏切られました。国語の授業では「耳のそばで、大声で何度も同じことをまくしたてる」ことしか「工夫」は見受けられませんでした。教材には、絵本やオモチャは登場しないものの、商品見本の野菜や絵カードなど既知の知育用品も現れました。生徒が立ち歩いたり、床で寝そべったりする以外は、おなじみの光景がそこではくり広げられていたのです。失望。

徒歩圏だし、もうここでもいいか……と迷いましたが、トイレの改修などたくさんの条件整備を要求することを考えると、それに見合った「何か」が得られるとは到底思えずやめました。

「副籍制度（居住地交流）」は全く機能していない

「もはやシャバの学校はムリだ」とあきらめたところで、まだ義務教育は三年残っています。再び特別支援教育を受けさせざるを得ない。私とヤマシタは、結局ハルを、八十年の歴史をもつ都立明光特別支援学校の中等部に入学させることに決めてしまいました。通学距離は、それまでの何倍も遠くなるにもかかわらず、です。

　理由はただ一つ。東京都教育委員会がその三年前から事業としてはじめた「副籍制度[67]」を利用したかったからでした。これは名前のとおり、通っている特別支援学校の学籍にともなって、もう一つ居住地（学区）の学校に副の籍を置き、同学年のクラスと「交流」できるというものです。籍云々はどうでもよいことですが、家から徒歩二分のところにある学区の中学校には、トルネード学童保育クラブでかつて一緒に過ごしたハルの知り合いも少なからず通っているし、ほんの数時間でもハルがまた再びこの近所で過ごせるというのは、どんな形であれ魅力的でした。

　しかし、ふたを開けてみれば、毎年度当初ごとに、「在籍校」（特別支援学校）と「相手校」（学区の学校）と保護者三者での話し合いがもたれ内容の検討を行う決まりになっているため、相手校決定と内容が書かれた通知が来て開始されるのは、早くてゴールデンウィーク明け、通常夏休み明けからということからして、全くやる気が感じられないものでした。

　中身もしかり。「交流」の内容についての検討のときは「この学校には、エレベータはなく、階段なしで行けるのは音楽室しかありません。ですから週一回の音楽の授業のみの参加というこ

67

とで」と言うのです。ハルにとって「どんな学習が必要か」という観点など微塵もないのです。また、教師からは「もう思春期ですからね。期待なさっているようなあったかい光景は望めません」とか「公立校ですからね(?-?)。いじめもありますよ」など、質問なき説明・回答が次々とありました。事業を運営する側が、どんな期待を寄せているのかがよく分かります。

「温かい交流場面」やら「障害児と健常児の相互理解」やら、「障害児に見せる健常児の思いやり」「障害児のけがれなさ」……。そういう「期待している姿」「あるべき姿」という固定された幻像を前提に、それを見せてくれなければ、障害児を健常児と一緒に過ごさせる意味などない、教育の成果と認めない、というわけ。

「期待なんかしてない。むしろ生まれてからずっと、設定され一定の条件下に管理された場所に身を置かせてきたことのほうを親として後悔しているのです。もし笑われたり仲間はずれにされたり、など辛いことでも、現実に自然発生したできごとを経験し、自分の置かれている立場を感じたり考えたりする機会を得る、ハルにとって最後のチャンスだと思っています」ときっぱり言うと、その教員は鳩が豆鉄砲をくらったようにキョトンとした顔をしていました。

そもそもこの制度には無理があります。学校にしたって、週に一度だけ数時間訪れる子どもに対して、どうして、毎日そこに通い途切れなく共に過ごしている生徒たちと同じように一生懸命になれるでしょう。どうして同じように理解できるでしょう。できるわけがありません。子ども子（または自分）が、なぜ今は、いていいの？」という私も皆ももつ素朴で根本的な問いです。
ルでしかないでしょう。いつもそこにあるのは「なぜ？　この学校に来てはいけないと言われた
にしたってワケが分からない。「分けておいて、条件付きでまたくっつける」という状態はシュー

もっぱら自らの存続のために闘う特別支援学校

年が明けて平成二十一（二〇〇九）年、ハルが明光特別支援学校中等部に入学する直前の保護者の個別面談でのことです。中等部の副校長がプリントを渡しながら「在籍児一覧の中で、ハルコさんは「重度重複障害（重・重）」という印がついていますが、それはハルコさんの状態が悪いというわけではありません。『他のあのお子さんより軽いのに失礼しちゃう』などと気を悪くしないでください」と言いました。何を言われているのか全く理解できず、またなぜもし「重い」と言われたら悪口を言われたかのように腹を立てなければならないのかとその点が無性に不愉快で、「はあ？」と思わず大きな声で聞き返しました。すると、「職員の数が全然足りてないのですよ。生徒さんの状態……重い生徒の数が多ければ職員の加配が……ね。ご理解ください」と面倒くさそうに説明がありました。それによってハルに不利益がないというのなら別に構わない、と即座に了承してしまいましたが、「経営に関して課題があるなら、なぜ設置主である都に訴えることなしに、またはそれが叶わなかったからといって在校生に融通（ウソを承認）させるような小細工をするのか。こうしてウソの申告をくり返していたのではいつまでも問題はないことになってしまう」とあきれてしまいました。

こうして四月を迎え、私もヤマシタも煮え切らない態度のまま、ハルは明光特別支援学校中等部に入学しました。いつものように、ハルは「よきにはからえ」と私たち親の決断に何のためらいもなく身を委ねているようでした。

時間が止まっていた

「他に行かせるところが全く思いつかず仕方なくここに行かせた」という本心をハルにさとられるのを恐れるかのように、私はハルが明光特別支援学校に入学したこの年、すべての行事に参加し、すべての参観と面談に出向いて何とかそこになじもうと気合いを入れていました。

しかし、はじめての授業参観に出向き教室に入ったとたん、いきなり気持ちをくじかれました。教員の手に「うさぎさん」のマペットがつけられているのを見たからです。その教員は、そのマペットをちょこちょこと左右に動かし、一人ひとりの生徒に向かって「♪〇〇ちゃん、〇〇ちゃん、こんにちはぁ～」と歌いながら近づいて行きました。その歌は、かつて療育センターで「はじまりのうた」として歌われていたものです。七年ぶりにその歌を聞きました。マペットが向かう先は中学生たちなのです。私は「ウプ」と音を立てて吐きそうになりました。その後、ハルの卒業まで三年間、胃液が逆流し口の中が苦くなるような「本格的な吐き気」を何度ももよおすようになるのですが、これがその記念すべき最初の吐き気。「〇〇さあーん」。「おおきく、はっきりと、ゆっくり」を意識した独特の耳障りなイントネーションでその子の名前を呼ぶと、その鼻先にマペットを突き出しゆっくり上げます。そのマペットにその子が自分の手を合わせるまで、じっとその子の顔を至近距離で見つめ待ちます。その子が義務を果たすと幼児をほめる調子で「じょうずぅ〜」と言い、そこにいる大人たち（教員だけでなく保護者たちまで）が、皆パチパチパチと拍手。終わるときも同じ行程がくり返されます（歌詞が「さようならぁ〜」に変わる）。授業後、その教員が誇らしげにした解説によると「始業と終業、ものごとの始まりと終わりを意識させるための工夫」なんだと言います。

療育センターの時代から時間が止まってしまったような、十代の人たちを前にしたその不気味な光景だけでも、もう逃げ出したいと思うに足るものでしたが、ある子が手を合わせたとき「じょうずぅ〜」と言ったその口のまま、急に真顔になり、その子の頭越しに、後ろでその子を支えている教員に向かって「腕の可動域が広がりましたよね」と話しかけたときは、頭に血がのぼってバッタリ倒れそうになりました。まるでその子の存在がないかのような振る舞いです。子どもだと……いや人だとさえ思われていない。モノ扱いです。

時間が止まっている。……旧知の保護者、新たに知り合う保護者、皆、小学生の保護者も中学生の保護者も高校生の保護者も、全く相変わらず、野菜や家畜の品評会のように、子ども同士のできる、できない、大きい、小さい……ことを話し合い、「障害児の親にしか分からない」気持ちや特殊事情を「分かる、分かる」と言い合っていました。そして自分の選択は間違っていないと確認したいからか、洗脳されてしまった人のように、機会を見つけては、明光特別支援学校および特別支援教育を大絶賛します。

夏休みの初め、学校の行事である「なつまつり」に参加しようとハルと二人で出かけたとき。

療育センター時代、下級生のクラスにいた子のお母さんに「ハルちゃん、たけのこ学級やめてこっちに来たのね。どうして？」といきなり声をかけられました。気の利いた説明をしようと口を開いたその瞬間、それをさえぎるかのように「やっぱり地域の学級じゃ専門性がないものねえ。明光は手厚く専門性も高いから違うでしょ」と早口で全く私の意に反した答えを言われ、言葉を呑み込みました。

その日の最後に参加者が集められ円陣を組まされました。実行委員だという高等部の女の子が、終わりのあいさつをするといいます。その子はトッキーやハル同様、舌の動きなど口腔機能に不自由があるようで構音が困難でした。全身に力を入れ身をよじって声を出そうとしますが、なかなかうまくいきません。「お……おわ……」と振り絞るように声を出すと、背後で教員が一緒になって「おわ、お、わ、お？　わ？……」と慈悲深い笑みをたたえながら一緒に口を大きくあけてやり遂げるように励ましています。まるで幼い子の舌足らずなあいさつをうながす母親のようです。「おわ……り…ます」とやっと言うと、周囲はいっせいに拍手。「じょうず～」の声。背後の教員の手もちぎれんばかり。その子は苦しさと安堵のあまり顔を真っ青にしてうなだれています。しかし拍手が鳴り止まないうちに「愛される障害者」になるべく笑みをたたえて顔を上げ応じています。その利発そうなその女の子が見せ物にされている場に居合わせて「そんなこと、しなくていいんだよ。させられなくていいんだよ。もうこんなことは断っていいんだよ」と心の中で叫んでいたのは、私だけのようでした。

なぜ彼女がこんなにも必死で期待に応え「しゃべることができる」ことをアピールするので

しょう。それは、そうしないと「言葉を理解できない」「声かけに反応がない」と判定され、教育の機会を奪われてマペットのいるクラスで過ごせと命じられることが分かっているからです。「体育祭」も「文化祭」も、このような場面の集大成のような内容でした。それぞれの子が最も「するのが困難なこと」、「全身全霊労力を費やしてやっとできること」を披露させられます。そしてそれに対する賞賛が求められるのです。子どもに対する保護者公認の集団的虐待と言っても過言ではない行為が、特別支援学校という閉鎖された空間で、日常的に、何の疑問もなく「よいこと」として行われているのです。そして、「体育祭」や「文化祭」などの行事で保護者や観覧者に求められる拍手は、「こういうことを行っていますが問題ないですね？」と承認を求めるためのものとしか思えません。

私と同じように最初は戸惑っていたハルでしたが、それでも与えられた環境にどんどんなじんでいきました。アシカの調教の日々。モノ扱い。「私はどうってことはない」……ハルのそういう態度が、我慢強さからではなく、「そうしたものだ」と思っているからであろうことが、どうしようもなく私を苛立たせるのでした。ハルの表情はあっという間に、再び療育センターにいたころの「所在なげな」ものに戻って行きました。

ハルの副籍「交流」開始

新型インフルエンザの流行で実施を見合わせていたハルの副籍交流が、中学二年生の夏休み前になってようやく実現しました。

ハルの場合は、特別支援教育コーディネーター[68]がしゃしゃり出てきて、インチキな「障害理解」「障害種別理解」を勧めたりすることは阻止できましたし、暗に「そういうの期待するの、もうやめましょうよ」と伝えることにも成功したと思います。しかし、それでも学ばずとも皆どこかに既にそれぞれの勝手なイメージをもっています。分断されていたゆえの無知からモンスターのようにふくらんだ幻像を。

学年主任に、ある日「来週は体育館での球技大会。ボールが飛んで来てケガをするといけないから入室できない。別室でその間待つように」と言われ「学童保育クラブにいたとき、たけのこ学級のときも本校との交流の時間も、そういう状況はしょっちゅうでした。ボールがぶつかったところで大丈夫ですが……」と言うと、その人は私を廊下の端にいざない、顔を真っ赤にして「私はなにも差別してるんじゃない。何かあったら大変だ、気の毒だって言ってんです」と大声でまくしたてました。

また、何か行事のときは「生徒たちが毎日頑張って用意したものなので（週に一度の部外者は）遠慮してほしい」と言われましたし、時間割が変更になっても連絡がないことはしょっちゅうで、出向いた先で「ごめんなさい、今日は変更があって」と門前払いを受けて、帰って来ることもたびたびありました。もちろん、ハルはいつもとても傷ついた様子でした。要するに「勘定に入っていない」のです。担任の先生の、学科の先生の、そしてハルの知り合いだった子も含めて生徒たちの「ハルを見る目」は目の前のハル自身ではなく、それぞれの中で固定された「障害の重い、車いすを使っている、口の利けない、知的障害のある女子」の幻像に向けられるように

68

なっていきました。そう、これこそ特別支援コーディネーターの言う「障害を理解してもらうことに成功した」ということです。

果たして「重い知的障害」は実在するのか？……否

この頃、私は胸をときめかせながら、天畠《てんばた》大輔さん[69]の講演を聴きに行きました。天畠さんは、十代のころスポーツ飲料水の過剰摂取で急性糖尿病になり、その処置が遅れたことから生死をさまようという経験をされた人です。その結果、体が不自由になり生活のすべてに介助が必要になりました。聴力はそのまま残りましたが、視力はすべて失い、手指への指示も意図的に表情をつくることもできなくなったのです。「重度の知的障害者になりコミュニケーションは不可能」と医師に診断されましたが、ある日天畠さんが何かを伝えようとしているのをお母さまが気づき、「あかさたな」を順に読んでいき体のわずかな動きで一文字ずつピックアップしていく、という方法をためしたところ「のどがかわいて水が飲みたい」と聞き出すことに成功しました。以来、介助者とともにそのやり方に長けていき、天畠さんは自分の言葉でテキストを書き起こせるほど十分なコミュニケーションをとれるようになりました。

ＡＬＳ[70]の方々の活動で知られるようになりましたが、この天畠さんのような状態は「ロックトイン（閉じ込め）症候群[71]」と呼ばれています。意思はもちろんあるのですが、その意思を表現するすべが全くなくなり「意思がない」とみなされてしまうことを指します。

少なくともハルが、もしトッキーと同じように生まれてすぐ近所の保育園、小学校に入って

69　70　71

育っていたら絶対に違う人間になっていただろうということは既に疑う余地がないことでしたが、この「ロックトイン症候群」の人たちの存在を知ってからは、さらに「ハルだけのことではなく重い知的障害のある子、意思が育たない子なんて存在しないのではないか」と思い始めました。天畠さんやALSの人たちはいわゆる中途障害[72]だから「この人には意思があるはずだ」という視点に自然に立てますが、赤ん坊や幼児の場合、同じ状況でもそう判断されるのが困難なのではないかと思ったのです。

ハルやトッキーが手指や体幹を自由に操れないのは、筋肉そのものに原因があるのではなく脳からの指示が「意図どおり伝わらない」ことが原因です。ですから同じ理由で、口の中の舌やのどの筋肉を動かすことが難しくても全く不思議はありません。そのせいで構音ができない、言葉がしゃべることができないと考えるほうが自然です。食べ物を咀嚼するのが不自由なのがその証拠です。舌が不自由なため、食べ物を上下の歯の間に置く動作が困難、それだけのことなのです。「言葉が出ない」という表現がどんなに不適切か分かります。

また、よく「反応がない」「表情がない」と言われる子がいますが、同じように考えれば「単に顔の筋肉を操るのが難しいだけ」という理由であっても不思議ではありません。しかしそれが生まれつきの様子であれば、ほぼ一〇〇パーセントの子が「知的障害のせいだ」とされ、例えばその障害の軽減のための「学習指導」として「外界のものを取り込む工夫を」などといって、しょっちゅううるさい音やまぶしい光などをあてがわれる生活になってしまいます。

よだれがたれるのも呑み込む動作が難しいだけだし、ぽかんと口を開いているのも、口を閉じ

72

る動作が困難か、不安定な体のバランスをとっているに過ぎないし（バランスを崩したときを思い出して下さい。必ず口を開いているはずです）、「物に手を伸ばさない」「目が合わない」のは、「見え方」や「聞こえ方」が違うだけ。……すべて「知性」とは全く関係ない理由、と考えるほうが自然です。

また例えば、ぎこちない動作や不器用にものを扱うさま、たどたどしい口調、唐突な発声や笑いなどから「幼児」を連想し、時にはそこに「可愛らしさ」を感じてしまう人が多くいますが、これらも無関係です。しかし、何歳になっても重い障害があると言われる人の多くはこの誤解のせいで幼児のように扱われています。そのように保護者や支援者によって、狭い精神世界に閉じ込められ、「それに見合った対応」をされ続けた結果、本当に幼児のような大人になってしまうに過ぎないのです。「精神年齢」という言葉がありますが、その正体はインチキ占い師の予言とでも言いましょうか。予言をしてから、そのとおりになるように仕向けている、そんなものです。

このように少し整理すれば、知的障害と言われているもののおそらくすべて、少なくとも大半の正体が、本来身体障害と呼ぶべきものではないかと考えることができます。

天畠さんの講演では「コミュニケーション介助のエラー（介助者の思い込みにより自分の意思が取り違えられる）」についてのお話が最も興味深いものでした。

そして、天畠さんに実際お会いしたことで、私は完全に確信をもちました。生まれつき意思がない（育たない）赤ん坊など一人もいないのだと。天畠さんの「見た目」はハルにとても似ていました。腕を広げ上体が意識とは関係なく常に揺らぎ、口を大きく開け、視線も上目遣いで泳いでいます。何も知らずに天畠さんと出会ったら、ほぼ全員が「重度重複障害者だ」と勘違いしてしまうでしょう。でも天畠さんは、その奥深くウィットに富んだお話を、確かにご自分の語り口で見事にこなしていました。

過去の時代と環境。ハルと、ハルと同世代の重い障害があると言われる子どもたちは、誤解を受けたまま教育を受ける機会も、一つの社会で暮らす権利も奪われてしまった。済んだことは取り返しがつきません。けれど、今まさに生まれた子とこれから生まれてくる子たちのことを思うと、……その子に本来保障された「人権」が奪われるその瞬間、その子と社会がこうむる大きな損失を考えると、くやしくて、もったいなくて、どうしようもないのです。

三　等しい人権をもつ人間として

飢えた人に会う

平成二十年（二〇〇八）年、ハルの小学校最後の夏休みのことです。トルネード学童保育クラブを卒所した前年度から、既にハルの外出支援の介助提供量はM区の拠出できる上限の時間数に達していました。特に長期休暇は慢性的に介助者が手配できない時間が生じ、私が介助人として登板する機会がふたたび増えていました。

その日もそんな日でした。「公園でパンでも食べようか」とハルと二人、いつもの店でごちそうパンを仕入れ、近所の広い池のある公園のベンチに落ち着いていました。木陰で水面を眺めながら気持ちよくパンをつまんでいると、隣のベンチに三十過ぎくらいの男性が腰かけてきました。ニコニコと笑いながらしきりにこちらを見ています。何だろう、と思っていると袋を指さして「そこのパン屋さん、美味しいですよね？　駅前の」と話しかけてきました。「ここで食べるときはたいがいここで仕入れるんですよ」とホッとして返すと「そうですか……」と黙ってしまいました。しかしその場を去るでもなくこちらを見つめたまま、ぽつぽつと同じようなことを話しかけてきます。そうして五分ほどたったとき、突然私は「あっ、この人はお腹をすかせているんだ。このパンが食べたいのだ」とやっと気づきあわてました。そして素知らぬ顔でハルの食事介助を続けながら、心の中で「でも、困ってるんでしょ、食べて下さいとは言っては失礼だ。何か適当な言いワケは……」と考えを巡らし、「さあーハル、そろそろ行こうか」と切り上げたあと、満を持して（それでも遠慮されてしまうかもなあと思いながら）パンの袋を差し出し、こう持ちかけました。「あの、おばあちゃんにお土産に、とパンを買ったんですが、今メールで連絡があって出かけちゃったみたいで。もったいないので、よかったらこれ、召し上がっていただけませんか」

その人は、そう言い終わるか言い終わらないかのうちに袋をほとんどひったくるように受け取り、袋に顔を突っこむようにしてパンを引っつかみ口に入れて「ありが……」とつぶやく間も惜しむようにガツガツとそれを食べはじめたのです。

私が「本当に飢えた人」を見たのは、これが初めてでした。子どものころ、まだ街角には自ら戦争で負った傷を「見せ物」にして日銭をかせぐ傷痍軍人の方がいたし、海外旅行のとき、観光客をターゲットに「当然の権利として」物乞いをする人もたくさん目にしました。しかし自分の飢えではないにしても「飢え」ということを体で感じたのはこれが初めてだったのです。食品廃棄が問題になるほどモノがあふれたこの国で、なぜ、こんな若い人が……。

この年の暮れ、日比谷公園にはじめて「年越し派遣村」が設置されました。ハローワークが年末年始休みの間、仕事や住むところを失っている人たちの避難所をつくろうと「反貧困ネットワーク」[73]の湯浅誠さんが企画したものでした。

思い返せば、平成十六（二〇〇四）年に「労働者派遣法」が改正され、正規でない不安定な雇用をすることができる業種がどっと増え、雇用主にとっては都合よくいつでも首が切れる状態の「派遣労働者」の急増に歯止めがきかなくなっていました。イラクに入国した外国籍のボランティアやＮＧＯ職員を現地の武装勢力が誘拐し、駐留しているそれぞれの国の軍隊を引き上げるように要求する事件が多発して、イラク在任中のこの国のボランティアの方が数名人質になったとき、国民の命を守ることを最優先の使命にすべき首相自らが「自己責任」という言葉を悪用し、バッシングの音頭をとるという背筋の凍るような事件も同じ年に起こったできごとでした。私はこの年から、自分が生を受けて暮らしてきた愛すべきこの国を、どうしても「わが国」と呼ぶことができなくなりました。

こうして丁寧に下地がつくられたのち、平成十九（二〇〇七）年に世界金融危機と世界同時不況が起こり、業績悪化の雇用主により歯止めがなく増え続けていた不安定雇用の人の首はバサバサと切られ、新規雇用の多くが不安定雇用になり、それは全て自己責任ということにされ何の手だても用意されないまま、それまでは考えられなかったほどの多くの人が路頭に迷うことになったのです。しかし若い人が「飢え」という状況にまで追い込まれているという、そして「飢え」というのはどんなものなのかという実感は、その人に会うまでありませんでした。

「餓死者」のニュースもひっきりなしに聞くようになりました。その人にパンの袋を渡したときの感触が忘れられません。その時は言葉を失うほど驚きましたが、今では「飢え」は全く他人事ではない身近なことになっています。私も彼のようにどうしても「お腹がすきました。どうかそのパンをタダで下さい」とはなかなか言い出せないと思います。そして「餓死」してさえ「どうして物乞いしなかったの。あさらなかったの。盗まなかったの。死んだのは自己責任だ」と言われそうな気がしています。

　貧困に追いつめられる人も、障害のある人と同じ「同じ人間として扱われていない人（排除されている人）」であるということ、差別するグループにとって、差別されるグループは必要不可欠な存在であり「か細く生かされる」仕組みが確かに存在すること……そんなぞっとすることに気づくのはまだ少し先のことでした。

　この年の秋、日比谷野外音楽堂で、あらゆる障害のある人たちが六千人以上参加した大集会(74)がありました。それは、障害者自立支援法は、日本国憲法が保障する「生存権」に違反しているとして、国を相手に、障害のある人たちが全国で一斉に起こした障害者自立支援法違憲訴訟(75)を機に、この法律の問題点を明らかにして世の中に広く訴えようという主旨のものでした。

事業所を立ち上げる

　ハルの介助は小学校卒業と同時に完全同性介助(76)にしようとかねてから決めていました。それまでも「更衣」「排泄」などの介助は、父親であるヤマシタ以外は、女性の介助者にまかされて

74　75　76

いました（ただしトルネード学童保育クラブ在籍中は、男性の指導員も介助に入っていました）。そろそろヤマシタも異性として引退すべき時期と思ったのです。しかし、学童保育クラブを卒所して以来の恒常的な人手不足に加えて、次第に「介助者に求めるもの」が増えてきたこともあってか、なかなかいい人材にめぐり合うことができずにいました。

　とりあえず、一三歳の誕生日に本当の本当に完全同性介助をスタートすることを目標に、ヤマシタは「更衣」と「風呂」だけ引退し、どうしても人手がないときは仕方ないので「排泄」のみ一年間引き続きまかせることにしました。

　そして迎えた一三歳の誕生日、本当の本当に完全同性介助がスタートしました。この頃のハルは、一年間に一五センチも身長が伸びるほどの勢いでしたので、「この日」と目標を定めておいて幸いでした。そうでなければ、ふんぎりがつかず、ズルズルと父親（力の強い男性）の介助をよしとする日が続いてしまったかもしれません。気合いを入れて「さあこれから同性としてハルの介助が増えるぞ、みんな、頼みますよ……」というそのタイミング。年明けから四月にかけて、バタバタとハルの介助者が立て続けに辞めてしまったのです。

　それは偶然が重なったに過ぎないのですが、支援費制度の頃からの長い付き合いだった方は初孫の誕生と還暦を機に引退、ハルの小学校時代を素晴らしい才能で支えてくれた女性は結婚を前に休職、一年ほど前から来てくれていた頼もしい若者は保育士さんになる勉強を始めるべく退職。……レギュラーメンバーのほとんどを一気に失い、私一人に到底耐えられない質量の介助が一気に降りかかってきました。あっという間に、体中が痛みだし気力が萎えてきました。そして危うい場面が増え、いつ事故が起こってハルが傷ついてもおかしくない状況に陥っていました。いつもならこんなとき、介護事業所という介護事業所にしらみつぶしに電話を入れ新しい縁を求めるのですが、経験上、それがもうあてにならないことは目に見えていました。

何か他のもっと確実な方法で、縁を求めなければダメだ。もう限界だ。……と考え始めたとき、ちょうど読み終えたお笑い芸人・ホーキング青山さん[77]の新刊『差別をしよう！』（河出書房）という本が目に止まりました。その中には、青山さんが介助者不足に悩み、ついに自らが事業主であり利用者である介護事業所を立ち上げたというエピソードが書かれていたのです。「これだ！」と思いました。利用者本人が事業主になることに、制度上何の差し障りもなかったのです。

それにしても、青山さんは「自ら事業所を立ち上げること」について次のように表現していましたが、私も全く同じ気持ちでした。

> ちょっと待ってくれよ……。たしかにヘルパーが不足している現状で事業所としても手立てがないというのは分かるが、いくらなんでもお客に「確保したけりゃ自分でどうにかしろ」って……。分かりやすくいえば肉屋で牛肉を買おうとしたら「牛が欲しけりゃ牧場を買って牛を飼え」と言っているようなもんだよ。八百屋で「キャベツください」と言ったら「自分で作れ」と言われるようなもんだよ。（ホーキング青山『差別をしよう！』二〇〇九年）。

ハルとトッキーだけが利用者の事業所。まずどうしても確認しておきたかったのは「一般の求

77

人誌で求人したらどのくらい応募があるのか」。「二人の子ども利用者によって公的介助システムから得る報酬で一つの事業所がまわるのか」という二つの部分です。思い切って、数年前に事業所を立ち上げた友人の関原さん（先述の日本水頭症協会会報『ぱどる』の衝撃の座談会にも発言者として招いた人）に面倒で無理なお願いをしました。

わが家の子どもたちだけが利用者の事業所を立ち上げることを考えているのだけれど、費用はこちらでもち採用面接もするので、そちらの事業所で求人誌に広告を出して人を雇ってみてくれない？　そして、もし首尾よく雇えたら、事業所設立までの間、その人たちをハルとトッキーのヘルパーとして派遣してくれない？　収支がどんなもんか見極めたいんだよね……。

関原さんは二つ返事で引き受けてくれたばかりか、ハルとトッキーのことでその期間生じた報酬を自分は一切受け取らず「新しい事業所立ち上げのために役立てて」と、その間、必要な事務処理を引き受けた私のアルバイト代に充ててくれたのです。私はもちろん無償でそれをするつもりでしたので、本当にありがたかったです。いただいたアルバイト代はすべて設立準備金に使わせてもらいました。もつべきものは友です。

もう一つは、事業主。障害のある方本人がやるのならともかく、「親」という存在の本質自体に常に警戒心を抱いてきた私としては、私やヤマシタが事業を仕切るというのは、ハルやトッキーをいよいよ支配してしまいそうで、どうしてもためらいがありました。それ以前に私もヤマシタも生業と家庭の仕事で手一杯という事情もあり、やはり誰か第三者に事業主になってもらうほうがいいということになりました。ためしに、当時新婚さんだったミノルさんに尋ねてみると「ちょうど郷里に帰ってＮＰＯでも立ち上げようかな、と思っていたところです」とのこと。お連れ合いとじっくり相談したのち、引き受けます、とお返事をくれました。

自腹で出した求人広告にはとてもたくさんの応募があり驚きました。束となった履歴書を前に「事業所を通してではなく障害のある人が直接介助を求め得るということは、理にかなったことだよなあ」とつくづく思いました。障害者運動の歴史を見れば公的介護保障の要求といつも一緒にあったのは「自薦介助人[78]の保障」です。要は「介助をするため資格の取得が必要となると今まで介助に入っていた人が雇えなくなる」、「事業所が雇用を行うと必ずしも利用者の事情や要望が反映されないものになる」ということであり、公的介護保障の実現とともにそれまで叶っていたことが叶わなくなることの危惧からされた調整であろう、とまでは理解していましたが、それがどうしても必要なこと、障害のある当人が自ら行う筋合いのものとまでは気づきませんでした。でもあれだけいない、いないと言われていた人が目の前に現れると、確かにだまされていたような気分になります。

やがて事業を運営する側からものを見るようになることで、「自薦介助人の求人」が「できれば好ましいもの」ではなく「障害のある人の権利」だとすぐに気づきました。「代理受領」という仕組み[79]の本質を考えれば「誰を雇うか」だけではなく「誰にいくら報酬を払うか」さえ、本来、障害のある本人が決める権利を有しているのです。現在の公的介助システムが整った結果、利用側（障害のある人）と提供側（介助する人）が分断されてしまったのは、この国にとって大きな損失でした。介助を提供する側（相談も業務として兼務している）が業務理念や人権意識を失い共に感じ考えるのをやめ、さらには利用側と対立する事態に陥ってしまっていることは、障害のある人の生きる力を奪い、結果として社会を停滞させる大きな原因になっています。

ある友人からは、行政が示すような非現実的なケアプランをそのまま押し付けられ調整するよう相談したら、事業所から「背反行為だ」となじられ一方的に契約を打ち切られたという痛ましい話を聞きました。私もハルやトッキーにとって（同性介助を含み）介助者に必要な条件を示せば「贅沢言わないで」と言われ、利用している複数の事業所同士連携をとって欲しいと言えば「スタッフがヘッドハンティングされる恐れがあるからやめてください」と言われたりしてきました。その都度憤りましたが、公的介助制度が整う以前を知らなかったために、限界・仕方のないことかとあきらめてしまっていたのです。

サービス利用側と提供側のダブルキャストによって、あらためて現状の制度の大問題に気づくことができたのは収穫でした。

事務所として、自宅の近くに昭和の趣きたっぷりの元社員寮の建物がみつかりました。そのひと部屋を借り、たくさんの必要書類をこしらえて、ミノルさんが申請に出向き、平成二十三（二〇一一）年元旦、無事、事業所がスタートしました。求人広告では、ハルの介助メンバーとして五人もの方とご縁ができました。新メンバーのうちの一人、コニーが社員になってくれて介助の仕事とともにスケジュール管理・スタッフの手配など事務方をテキパキこなしてくれるようになりました。わずか半年のスピード結成。ハルの本当に本当の完全同性介助の約束は、こうしてギリギリセーフ、守られたのです。

この頃、政府を相手取り集団で行われた自立支援法違憲訴訟について、政府が文書をもって「基本合意」をし訴訟団と和解したというニュースが各紙で大きく取り上げられました。基本合意の中には「自立支援法を撤廃すること」と「それに替わる新法の制定のため、障害のある当事者たちによる検討委員会を設けること」が明記されていました。当時の首相は原告たちの手を取り、頭を下げて謝罪をし、立ち会った政治家の中には涙を流している人もいます。「すごい。完璧なハッピーエンドだ」……そのことに公約で触れていた政党が政権をとっていたとはいえ、半信半疑というのが正直なところでした。

第四章　絶望のさなかの希望〜「死んでいい人」のかごに入れられて

――平成二十三（二〇一一）年〜二十四（二〇一二）年春

とおといしにかたはありません。とおといいきかたと、とおといいのちがあるだけです。

（バクバクの会『いのちの宣言』より）

一　絶望の後、浮かび上がった道

三月十一日

こうして事業所のスタートとともに新年が明けました。

私とヤマシタには、冬休みが明けてすぐから、どうしてもやらなくてはいけない気が重い「仕事」が待っていました。大根小学校のエレベータ設置を要望するための署名集めです。毎年度末、要望をくり返しては断られ続けてきましたが、いよいよ一年後、トッキーが五年生になれば教室が四階になってしまいます。そもそも「ウィリーで階段昇降」は、どうしても越えなければいけない数段の段差に遭遇したとき「ピンチは乗り切る」という類いのものです。毎日、しかも専科の教室や校庭を含めれば数往復に及ぶ移動を無事にこなすのは、とうてい不可能です。これまで事故がなかったのが不思議なくらいでした。

隣のS区では「車いすユーザーの子の在籍するクラス（学年）はずっと一階で固定する」という配慮もあると聞きました。しかし大根小学校は一階すべてを通級学級のため提供するようになったので、五年生が固定されるとしたら二階になります。二階には職員室などがあり教室は一学年しか入れません。そうなると、新一年生が三階にある教室からのスタートになってしまうのです。注意力といい運動神経といい、まだ幼い子どもたちが、いきなり三階からスタートするのは、トッキーが階段を昇降するのと同じくらい危険なことに思えました。ですから何としても、エレベータをつけなくてはならなかったのです。「最後のお願い」として近所の人に署名を集めることにしました。

その時「車いすを使っている生徒のため」という特殊な事情だけでは説得力に欠ける、ということで、阪神淡路大震災のときの被災レポートの中から、避難所である学校が段差だらけで上階に移動することのできない軽傷者が多かったことや、エレベータが設置されていないので水の運搬などに苦労したというエピソードをピックアップし「防災の観点からも必要である」ことを強調することにしました。そもそも、こういった政治的な戦略や行動を身の毛がよだつほど嫌悪している私にとって、「誇張・強調」された表情でこうした「説得力のある」説明をすることは、本当に苦痛をともなうものだったのです。「生徒が車いすを使っていること」が特殊な事情だと言わざるを得ないことも嫌でした。本心ではちっとも特殊なことだと思っていないのに……。

大根小学校在校生のお母さん、お父さんたちは、ほぼ例外なく、署名をしながら「私もそう思う」「当然の要求だ」と共感し、励ましてくれました。トッキーのクラスメートのお母さんの中には、寒さの厳しい中、当たり前のように署名用紙を受け取って、放課後、学校の前で手伝ってくれる人もいました。また、ヤマシタがＳＮＳで呼びかけたのを見て、区立療育園に週一回通っていた頃トッキーと一緒だった子の保護者たちも、「ともかくトッキーのためになるなら」と就学先の特別支援学級で署名を集めてくれて郵送で送ってくれました。「ありがとう」「ごめんなさい」……いろんな気持ちが入り交じって、毎日、涙が止まりませんでした。

小学校の校門前での署名活動は、ちょうど年度末ということで、各学年の保護者会がある日の放課後にすることにしました。この日ならたくさんの保護者に会えるし放課後の校庭開放もないので、子どもたちにこんなブザマな活動を悟られずにすむのも好都合です。「学校の敷地内には決して入らないように」という約束で、校長先生にもしぶしぶ「承認」をもらいました。

その日も署名用紙を鞄に入れて出かけました。ちょうど午後三時頃からトッキーたち三年生の最後の保護者会がある日だったのです。生来、身だしなみに頓着のない私は、美容院に行くのも着る服を買うのも気が重く、放っておくと、いつまでも行くのを引き延ばしてしまいます。「そうか、保護者会のたびに髪を切りに行き、服を一着新調すればちょうどいい」と気づいた数年前から、それが恒例になっていました。散髪をしたあと行った洋服屋さんの試着室にいるとき、グラッと揺れました。地震に間違いないけれどあまりにも長く激しく揺れ続けるので不審に思い、部屋の外に出ると、店員さんたちが「お店の外に出て下さい」と慣れない様子でお客を誘導していました。もう揺れは収まっていましたが、私も商品をそこに残して自転車でいったん家に戻ることにしました。途中、踏切が降りたまま開かなくなっているのを見てもあまり深刻に捉えていませんでした。マンションに戻るとエレベータが止まっています。「えー、そんなにひどかったかな……」と階段で四階まで上って部屋に入りテレビをつけたとたん、同じくらい大きな余震があり、初めてことの深刻さを実感しました。

あわててテレビのリモコンを持ったまま部屋を飛び出し、父の死後から同じマンションの二階のワンルームに住んでいた母を訪ねて、連れ出しました。母は加齢による膝・背中痛で、階段の昇降は既にできなくなっていましたが、外階段をハイハイのようにして何とか一階まで降りました。ちょうどハルがスクールバスから降りる頃だったので、迎えからお願いしていたコニーに「バスはもう降りましたか？　今日は念のためまっすぐ家に帰って下さい」とメールを入れてから、大根小学校にトッキーを迎えに行きました。校庭では、避難・引き取り訓練のときと同じように、クラスごとに分かれて子どもたちが迎えを待っていました。名前を告げてユキヤスさんと共に帰り、マンションの前に着いてしばらくするとコニーとハルも帰ってきました。ちょうどスクールバスを降りた瞬間に揺れがあり、収まったので私と同じようにあまり深刻に考えず、金曜日恒例の外食オヤツを食べに出かけようとしたが、また揺れたのでただごとではないと戻ってきたということでした。

コニーとユキヤスさんに帰ってもらい、エレベータが一向に復旧しないので、「今夜は二階のおばあちゃんちに泊めてもらおう」と、何とかふたりを休み休み外階段を担ぎ上げて二階に上ったところで、ヤマシタが帰ってきました。電車は壊滅的だったけれど、意外なことに路線バスが平常運行しており、すんなり帰って来られたということでした。そのころはまだ何も知らず「めずらしく服なんか買おうとするから地震が起こるンだよ」などと冗談を飛ばして笑っていたのです。

その晩、母のワンルームのテレビで、波が街を呑み込んでいく様子を信じられない気持ちでぼう然と見つめていました。すべてヘリコプターからの空撮で、細部は見えず音も聞こえませんが、車が走ったまま押し寄せる水の中に消えたり、家の屋根や電柱が容赦なく流されていくのが分かりました。根を張っていただろう立派な大木もなぎ倒され呑まれていきます。人の姿は見えませんがあそこに人がいないわけがありません。

帰宅難民の映像も交互に流れ、遠くから通っているユキヤスさんが心配になりましたが、逞しくも別れたその足で自転車屋さんに寄り、最安値のものを手に入れて何時間もかけて無事戻ったと、夜中にようやく復旧したメールで知らせてくれました。

原発事故のニュース画面を見つめて

そのあとは、毎日まるで悪い夢でも見ているようでした。家でほとんどつけっぱなしになっていたテレビで「原発事故」のテロップを見たときの戦慄。そこに住む人に対する心配や食物供給についての不安が押し寄せてきたのは数日経ってからです。真っ先に心に浮かんだのは「これでまた優生思想をベースにした遺伝医療が大手を振るようになる」という絶望感でした。

長い年月とたくさんの人の血や汗を代償に少しずつ解消されてきた障害のある人やその出生についての偏見がまた一気に噴出してくることは間違いない。

事故のちょうど半年前、日本水頭症協会の用事で広島に出張した足で、大阪で行われた医療従事者向けの遺伝医療についてのシンポジウムに聴衆として立ち寄ったときのことでした。その数年前から毎年夏のはじめに「遺伝カウンセリングセミナー」という医師とコ・メディカル向けの講習会で遺伝病の家族・当事者を講師に招いたコマで話をする機会をもらっていました。その講習会を企画する遺伝医療のベテラン専門医に、そこで出会ったのです。立ち話をする中で、広島に寄った帰りで、生まれてはじめて平和祈念館に寄ったことを話すと、ふと何か思いついたような表情で「私のもう一つの……」と、いつもと違う名刺を差し出しました。その肩書きは、関西の大学の原子力研究所の特別研究員というものでした。原子力（原爆）と遺伝医療という二点が全く結びついていなかった私は「えっ？　原子力？　そっちもやられているんですか？」と思い切り意外という顔で問いました。「そう（そういうもの）なんですよ」。今思えば、答えた相手は苦笑いをしていたようです。

原子力と遺伝医療。……帰りの新幹線で考えごとをしているとき、やっと「ああ、そうなのか」と納得がいきました。

祈念館の展示物も終盤のあたりに「後遺症」を扱ったコーナーがありました。展示されていたものの内容については、他の展示物同様、どれも欠かすことができない重要なものばかりで、当時を知らない後世の人（や政治を含むあらゆるイデオロギー）によって都合よく操作されたり隠蔽されたりしてはいけない、大自然や遺跡のようにそのままにニュートラルな状態で大切に保存されなければいけないものであることに間違いありませんでした。しかしこのコーナーで皮がむけた人の顔や体の写真、黒くのびた爪やごっそり抜けた髪の毛などの展示パネルにくり返し「醜い」と形容されたコメントが添えられているのを見て気分が悪くなりました。さらに胎児期被爆の代表的な後遺症として展示されていた「小頭症」の子についてのパネルの前で私の不愉快は最高潮に達しました。

有名な畠中早百合さんについての展示。胎内被曝小頭症の当事者と家族の会「きのこの会」を立ち上げ、国内外で原爆の恐怖を語り反対する活動をしてきたお父さまの国三さんの訃報ニュースを二年ほど前に耳にしていたので、記憶に新しい名前でした。五歳くらいになった「その子」が楽しそうに三輪車に乗っているのを後ろからお母さまが見守っている写真が大きく飾ってありましたが、そこには「恐ろしいことに胎児にまで放射能の影響は及んだ。……この子はいくつになっても二歳三ヶ月の知能しかない。……学校に行ったこともない。……生まれながらにして不幸な子ども。……」といった、その写真の微笑ましさとは全く関係ないコメントが添えられていました。

ああ、私やヤマシタとハルやトッキーの日常のよろこびを写した他愛もない写真も、いや、存在や表現、生きざまそのものが、日々故意に、こういう視点からとらえられ利用されているのかもしれない。

その気持ちは、毎年恒例の一日かけて行われる高視聴率のテレビ番組を見たときに必ず感じる怒りの延長線上にあるもののようでもありました。あらゆる障害のある子どもが総動員されて、芸能人と一緒に何かにチャレンジし何かを成し遂げるというお決まりの場面が映し出され、涙を誘うという、アレです。

「原子力の恐ろしさ」を思い知らせるという目的で、その小頭症の方が「生まれてこないほうがよかった存在」として祈念館に展示されているのは間違いありませんでした。「胎児にまでこんな悲惨な影響を与える原爆を決して許してはいけない」。「どうしたらこのような不幸な子（小頭症の子）の出生を拒めるか」というここに立ち寄った人々の声が聞こえてきそうです。

　遺伝医学というのはそもそも障害のある人の出生を「あるまじき疾病そのもの」ととらえそれを「予防する」目的のために、そのメカニズムを解き明かそうとしたものだったのです。そして医療としては胎児の「状態」を早期に発見し生まれる前に故意に殺す（中絶する）技術が発達し、メカニズムが分かったとしたものについては、（それが不確かでも可能性があるというだけで）親となる人の断種や性の廃絶を、予防すなわち治療として勧めてきたのです。この国においては原爆の後遺症が優生医療に有無を云わせぬ大義を与えるきっかけをつくったということが、はっきり頭の中でつながりました。水俣病はじめあらゆる公害の影響と被害が明らかになった自分が子どもの頃や薬害エイズ訴訟などが次々に思い出され、単なる営利の代償として公害をまき散らした企業や、遺伝医学に基づく優生医療を「救済」として使命感をもって行ってきた医療界だけでなく、国家はその補償ということについて、場合によっては人の命より大事な問題ととらえているということを、そら恐ろしい気持ちでぼんやりと考えていました。

「障害のある人の出生と存在は自然なことであり悲劇ではない」。やっと大声で言い始めていましたが、原発事故をきっかけに口をつぐまざるを得なくなりました。この思いは「この出生は自然なもの。原発事故による放射能の影響ではない。補償はしなくてよい」。「悲劇ではない当たり前のことというのなら補償する必要はない」という考えに利用されるだろうと確かな予感がしたからです。逆に、私の「原発事故・放射能に対する恐怖と怒り」は「障害のある人の出生と存在は悲劇だ」という考えに利用されるだろうとも思いました。案の定、福島の生き物たちに現れた「奇形」について報道、祈念館の手法そっくりにチェルノブイリの子どもたちの姿を「後遺症の恐ろしさ」というコメントとともに展示する、……同じ恐怖と怒りの表現・啓発の手段として、次々と、実際にそれは起こりました。福島の高校生が政府の要人に向かって「私たちは健康な子どもが産めるのでしょうか」と尋ねたという記事を読んだときは本当にやりきれなくなりました。その子は自分の今の命の心配と同じくらい、漠とした未来の人生について想像をめぐらしているのです。そしてその無知ゆえ純粋な気持ちは、優生思想をすんなり受け入れ、その再来のためにあっさり利用されてしまうのです。

もし、胎児期被曝や被曝の後遺症や次世代への遺伝について検証し補償するのなら、それは影響を受けた結果、障害のある命を授かった子どもたちが、成員として等しい権利を行使しながら共に生きるための万全な社会環境をつくり上げていくために役立てるという一点の目的で、限りなく施されなければならない。

これが、今私がやっとの思いで声を出して言える唯一のことです。

遺伝医療の目的は、親になる人の「権利の保障」。優生思想の目標は、優れた人種だけを人類と認めることによる「社会の発展」。植民地政策の目標は、優れた人種が占有・管理することによる「地球資源の有効活用」……そのために必要な手段として、障害のある命を、劣った人間を、そこに暮らしてきた人たちと文化を、根絶やしにしようという発想。「人権」ということが、おのおのの実感や実体験をもって世界のあらゆるところにしっかりと根を下ろそうとしている今、おびただしい犠牲を生んだ先人たちのこうした大真面目な考えと行動の稚拙さ・野蛮さにあきれ返り、他人事のように嘲り笑う人が多いでしょう。しかし残念なことに、このような発想をまだ純粋に信奉している人も少なからずいて、行動する「大義」を見つけることに余念がありません。「障害のある子の出生」を「病気」と捉え、その「予防」「治療」として胎児を中絶し、親になる人の断種を行うことを許すような野蛮な社会に逆戻りする可能性は十分にあるのです。

二　バリエーションは、この世界を救う

高等部に進学しないという選択肢がなかった

ハルが明光特別支援学校に入学したその数カ月後から既に「高等部に進むという選択はありえない」と漠然と感じていました。さらに毎日余震が続き、いつ学校やスクールバスでの通学中に被災したハルを、命がけで迎えに行くことになるかも知れない状況が始まってからは、一刻も早くこの「特別に用意された、隔離された世界」とおさらばしたい、という切羽詰まった気持ちは募るばかりでした。

「そもそも、なぜ、移動にハンデのある人が遠方に通わなければならない仕組みになっているの？」……ハルの義務教育が始まって以来の根本的な疑問が、余震の日々の中にあって具体的な像を結んで目の前に映写されているかのようでした。特別支援学校の対応は、三月十一日以前と何ら変化のない無策に等しいものでしたが、それを責める気になれないほど、自分でも「もしその時が来たら」どうしたらいいのか全く具体的でリアリティのある対策を思いつくことができなかったのです。せめて卒業までの一年間、どうか何ごとも起こりませんように、と毎日祈りなが

らハルを見送るしかありませんでした。家から五分のところにある小学校に送り出すトッキーとは大違いです。すぐに迎えに行ける、ということはもちろん、きちんとしたリアリティのある対応が示されていたからです。

　都立特別支援学校の災害対策が無能で、区立小学校のそれが取り立てて有能だと言いたいのではありません。住まいから遠方の、移動にハンデがある子どもばかりが在校生の都立特別支援学校で災害の対策をすることは事実上不可能だと言いたいのです。区立小学校に通う子は、学区、つまり「近所に住まう子」で構成されているから対策がとりやすいのです。加えて、近所なら「万が一、迎えに行くはずの私の身に何かあっても」そこに住まう顔見知りの人たち、名前を呼び合える人たちが大勢いる、という安心感があります。

　まずは「高等部に進むつもりはない」ことを表明しなくてはいけないと考え、年度末の個人面談で、明光特別支援学校の担任に相談することにしました。すると驚きを隠せない様子で「進学しないとなると、どうされるおつもりですか？」という答え。……期待はしていませんでしたが、他にどんな選択肢があるのかを相談しようというときに相手にそれを問われてしまうとは。

　おさらばしたとはいえ、ハルがシャバでどうやって生きていくのか、全くイメージがわかないままの決断でしたから、「それほど《想定外》のことなのか」と心細い気持ちに拍車がかかりました。「まあ学校から提案があったとしても、この世界から出されたアイデアなど、どのみち受け入れることができやしないだろう」と思い直しましたが。

「何も準備しないで、とにかく離れてみよう。そうすれば先が見えてくるだろう」と楽観的にもなりましたがそれもつかの間、ある程度のパターンを示さないと介助者のサイクルを考えることができないことに気づき、またあれこれと考え始めました。こういう時ハルが「どうしたい」という強い望みをもっていない（もっていたとしても表現できない）ことを本当に恨めしく思います。私に分かることはただ一つ。ハルはどんな荒天でも家の中に閉じこもっているのが大嫌いだということです。「毎日どこかに出かける」……。学校に行かなくなっても、この「自由な移動の」権利だけは絶対に死守しなくては、と心に決めました。逆引きのように、それを守るために家庭以外にどこでもいい、どこか行く場所（居場所）を求めたのです。

　最初に思いついたのは、「フリースクール（またはフリースペース）」でした。おもに登校拒否不登校の子たちの日中の居場所です。都内で一番有名なところに電話で問い合わせると、「うちは階段だらけの施設なので難しいと思いますが、フラットで移動に問題ないところを知っています」と、家から電車と徒歩で一時間弱の場所にあるフリースペースを紹介してもらいました。すぐ問い合わせ、ヤマシタと私で事情を説明しに訪ねました。私の訴えは、どうしても「特別支援教育というヤツがメチャクチャでインチキのコンコンチキで」ということに焦点がいってしまい、まとまらない相談になってしまいましたが、理事長の西野博之さん[80]自ら辛抱強く聞いてくださり「まずはためしに在校中に週一回学校を休ませて、介助者と通わせてみる」ことになりました。毎日その場で作って皆でとる給食は、ハサミやトロミ剤を持参してその場で介助者たちに再調理してもらうことにしました。トッキーの学校給食で既にやっていることなのでうまくいく自信がありました。

80

学校で深い傷を負って登校を拒否することを決めた子どもたち、または、公教育の中のあらゆる形の暴力を目の当たりにし、学校から子どもを守るために行かせることをやめた保護者の方々……。それまでは、フリースクール（フリースペース）というと、いわゆる隠れ家、避難所、「シェルター」のような場所だととらえていました。しかし実際は、そこに通う子どもたちは、好奇心旺盛で、友だち付き合いも決して苦手ではない、ごくフツーの魅力的な子どもばかりでした。小学校低学年から、高校生の年代まで年齢層は幅広いのですが、目上の子はうながされなくても自然に年少の子を気にかけてやっています。また、逆に「いいこちゃん」として大人に気に入られようと振る舞う子もいません。何もかも自然体で、ちょうどよく、当たり前の環境でした。

ハルにとっては、トルネード学童保育クラブが再来したような感じだったかもしれません。しかし、講師の先生が定期的に訪ねて来て「フォルクローレ」「サイエンス教室」「演劇講座」「ジャンベ（西アフリカの太鼓）」など教えてくれるアクティビティは用意されているものの、他の時間は全くの自由。何かしてみたら、とうながされることもない。何の設定もされていないことが、学童保育クラブとは明らかに違いました。何もかも、自分以外の人間に設定され続け、細部まで決定を委ね続けた生活でここまで来てしまったハルにとっては、この「あなたの勝手にどうぞ」という時間は苦痛になるかもしれないな、とチラと不安になりましたが、同時に、何もすることがなくてヒマで、ヒマでどうしようもなくなったとき、ついにハルも「どうしようかなあ、何をしようかなあ。私は、何がしたいのかな」と自分の望みを考え始めるのではないか、と期待しています。

思い起こせば、私が子どもの頃はテレビ番組やマンガ雑誌は既に豊富にあったものの「あまり好ましくないもの」として制限されていたし、ゲームもビデオもなかったので、放課後や休日には「ヒマだ、ヒマだ」と言いながら、「ちびまる子ちゃん」さながらゴロゴロ、ダラダラと「何もしないで」過ごす時間も結構ありました。遊ぶ友だちを一人もつかまえられず、運悪くマンガも本も手元にあるものはもう全部読んでしまった、習いごとも宿題も今日はない。そんな、一人あてもなくさまよい時間を持て余すさびしい日は「運の悪い日。ないほうがよい時間」と当時は間違いなく思っていましたが、今思えば恵まれていたな、と思います。そんな時は手に負えないほど壮大なことに思いを馳せたり、すれちがった人の人生について妄想したり、小さな虫の動きから目が離せなくなったり。……眠ったように怠惰なムードをかもし出す体・表情とは裏腹に、内面は、外からの雑音をシャットアウトして、自分のみのためにパワー全開、フル回転で欲望のままギラギラと働いている感じです。こういう「何もしないということを体験する」時間こそが「自分の欲望」を知り、自尊心を保つための栄養になっていた気がします。

今やゲームやアプリ、映像、Eメールなどはすべて持ち運び可能になり、いつでもどこでも自分を「あやしてくれる」魅力的な子ども向けのヒマつぶしアイテムが豊富に与えられ、なかなかこういう時間を子どもたちに保障するのは難しい状況になっています。ハルが、何か与えられるものが途切れるとパニックになり、泣き叫ぶのは体が不自由で身動きがとれないからでも口が利けずコミュニケーションがとりにくいからでもなく、セルフイメージや自分の欲望をもつための機会を得ずに生きてきたからだとも思えます。こんな時、私や介助者はどうしても便利に「ヒマつぶしアイテム」をハルに供給し、その場しのぎをしてしまいます。しかし、ヒマやひとりぼっちを心から憎み、ヒマになるとあわてて自ら「あやし道具」を取り出しヒマを撲滅しようとする子を見ると「ああ、もったいない」と声をかけたい気持ちになります。

何の設定もない居場所。「仲間、友だちができるといいな」とも思いました。それと同じくらい「ヒマやひとりぼっち」を健全に味わう時間を得られるチャンスかもしれない……、と期待せずにはおれませんでした。

希望のテキスト「骨格提言」

余震が続き、テレビの「地震速報」のテロップにビクビクする日々。次第に、事実と報道のギャップが明らかになり、何を信じたらいいのか分からず、何もかもが不安でならない日々。考え始めると不安で不安で何も手につかないし、あっという間に絶望した気分になってしまいます。子どもたちを不安にさせたくないという気持ちもありました。どのみち逃げる手段などないのだからジタバタしても始まらないし、子どもたちと過ごす時間が長い夏休み中は、あえて全くそのことについての情報をシャットアウトして遠ざかろうと決めました。そうでないと、やっていけない気分だったのです。

心を占拠していた放射能のことをいったん無理に追い出したところで、ハッピーエンドからこっち、報道も情報もなくすっかり忘却のかなただった「自立支援法撤廃後の新法の検討」について、障害のある当事者が過半数を占める障がい者制度改革推進会議の総合福祉部会が、「新法の素案（骨格提言）[81]」をまとめたというニュースが飛び込んできました。この困難な状況の中、部会は審議を何度も行ってきたというのです。メンバーは、日常からしても、移動に、コミュニケーションに、労力が必要な方ばかりです。あらためて頭が下がる思いと、「ちゃんとした現実的な法律を自らの手でつくるのだ」という強い思いをひしひしと感じ、当事者ではないものの、そばにいる大切な人が障害のある人たちであるのに、自分の関心がフッと離れてしまっていたことを猛省しました。

　実を言うと「さまざまな障害者団体が結束して一つ実効力のあるものをつくる」と聞いたときから「利害が衝突してうまくいくわけがない」と思ってあまり期待していなかったのです。聴覚障害の方が知的障害と断じられることを屈辱的ととらえてきた歴史があることを知ったことは、既に書きましたが、それ以外にも患者会を運営してきた経緯からそう思わせることがたくさんあったのです。

　例えば、さまざまな患者会が一堂に会す「難病のこども全国支援ネットワーク親の会連絡会」でのこと。連絡会ですから「会として何か行動する」ということはないのですが、長年相談を受け、取り組まれてきた活動として「小児慢性特定疾患指定（略称・しょうまん）」がありました。これは、国の小児慢性特定疾患研究事業とそれに呼応して実施される自治体の小児指定疾患医療費助成事業が抱き合わせになったもので、簡単に言ってしまえば、国が「この小児の疾病は小児慢性特定疾患だ」と認定すれば、その疾病にかかわる医療費について助成が受けられる（保護者

81

の所得に応じて自己負担あり）という制度で、現在五百ほどの疾病が認定されています。毎日の投薬や通院処置、ひんぱんな入院など、大変な思いをしている子どもと家族にとって、高額な医療費の助成は支援のほんの一部でしかないものの、なくてはならないものです。疾病の中にはいわゆる稀少病といわれる出生数・発現数の少ないものもあり、そんな患者会にとって特に、申請や要望を行うときこの連絡会の存在は頼もしいものでした。私が気になったのは、何か全体でこのことが話題になったとき、図らずも「予算のぶんどり合い」の態になってしまうことでした。それはいかに「自分の病気」が「ほかの病気」と比較して大変かというプレゼンと化してしまう。それは間違いなく組織の利益のため組織を代表してきているという責任感からのこと（会費を払っていない人に会費を払っている人と同じ情報を渡すのは不公平だ、という心ない人さえいますからね）。結果として、連絡会の主旨とは対極にある対立や偏見が助長されるように感じてとても残念でした。

もう一つ「障害種で分けられている障害のある人たち同士は、障害のある・なしで分けられている人同士以上に分断されている」という実感もありました。ハルの通う明光特別支援学校のPTAの所属する都特別支援学校PTA連合会では「障害種を超えた交流会」なるものが行われていることを知りました。裏を返せば、それほど分断されているということです。参加した人の話を聞けば、「うちの子はシタイ（肢体不自由の人のこと。特別支援学校に子を長年通わせる親たちが使いたがる障害業界用語）だから恋愛の話は関係ないけど、同じ年のチテキ（同じく、知的障害と言われる人のこと）の子の話ってすごかったわ」など差別もそのままの距離感のものでした。そもそも数が少ないのを分けられるのですから、出会いの可能性はゼロに近づきます。

そんな人たちが「障害のない人以外」というくくりで集まったら、利害の衝突の連続でお話にならないだろう、とタカをくくっていたのです。

しかし、夏の終わりに読んだその思いのほか分厚いテキストは、具体的で実効力を感じる、とても臨場感があり細かいところまで配慮が行き届いた、現実的なものでした。何より読んでいて「人間として当たり前に生きる権利の保障」という共通の目的を具体化するのだ、という強い意志と、全ての生に対するお互いの尊重・尊敬をここかしこから感じました。私の中で一番ハードルが高いが一番乗り越える価値があると思っていた支援のあり方である「パーソナルアシスタント」や「(障害種・障害程度区分によらず)状況支援の考えにもとづく算定」についても具体的に試案が示されていました。「国連・障害者権利条約」を読んだときと同じ感動。しかもハルやトッキーが生まれ育っているこの国で、この困難な状況の中で、この国の人たちによって形づくられた成果物なのです。これは国の命令で国に任命された人たちによってつくられたもので、それが国に提案されるのだから、多少の調整があるにしても十分に尊重されるはずです。

先が見えない絶望のまっただ中のひと筋の希望の光。まさしくこういうことを言うのだと思いました。

「われら実踏調査団ポルトドス」結成

九月、トッキーたち四年生にとって初めての校外宿泊体験授業がありました。事前の保護者会で渡された資料にあったタイムスケジュールを見ると、「まさかこんなにたくさんの所に行くことはできまい」と思うほどあっちに行ったりこっちに行ったりのプログラム。まるで四～五回の遠足をまとめてやっちゃえ！　という感じです。房総の海のまちでの二泊三日と聞いて何となく勝手に「定点でのんびり活動」というようなイメージを抱いていたので意外で、少しあわてました。

トッキーの入学以来、大根小学校（この国のごく普通のありふれた公立小学校という環境）のもつ底力に驚き、「万人のための学校」に成長する潜在能力を確信して、「この環境を、真心こめて励まそう」と誓った私が始めたことの一つに「校外学習のためのバリアフリーの観点からの実踏調査・報告」がありました。

トッキーたちが一年生のとき。最初の遠足は、小高い丘を利用したハイキングのできる公園でした。電車で数駅の場所でしたので既に何度か訪れたことがありましたが、スロープでの迂回ルートは用意されているものの、出入り口に階段しかないところがある記憶がありました。皆と一緒に行動するために「どう迂回してどこで合流するか」、「トイレ事情は」など事前に調べて、介助者に伝えておく必要があります。そうしないと、迂回路や車いすごと入れるトイレを捜すことに気を取られて、学びどころではなくなってしまうことは目に見えていました。それに班で行動する場合もはぐれたり、班ごと十分な活動ができなくなったら最悪です。さっそく、担任の先生に「どういう行動をするのかできるだけくわしく教えてください」とお願いしました。事情を説明すると「なるほど。遠足のときは必ず担任が実踏調査はするのですが、そこまで手が回りません。それから正直に言って、気が回らない部分もあると思います」ということでした。

「実踏」という言葉は教育界での業界用語なのでしょうか、それまで聞き慣れないものでした。校外授業の際、事前にそこを訪れて下調べをすることです。「実際に踏む」というのだから「下見」よりも詳細で動線や時間検証まで要求される綿密な調査というニュアンスなのでしょう。担任の先生が教えてくれた行動予定の詳細を書き取ったメモを持って、その公園に向かい、想像力をふくらませながらじっくり調査しました。この調査と報告は予想以上に効を奏し、トッキーたちは、全ての行動を共にして十分な活動をすることができました。以来、校外学習の前には必ずこのバリアフリー実踏を「自分にできるボランティア活動」として使命感をもって、行ってきました。活動を始めた頃は、報告書は、「絶対に子どもたちには見せないこと！　ネタバレしたらせっかくのワクワクが台無しだからね」という約束で介助者だけに渡していましたが、別ルートを行く部分もあり、すべての生徒の行動を把握しておくことは担任の先生にとって必要なことだと気づき、同じものを先生にも渡すようになりました。

さて、はじめての校外宿泊授業の盛りだくさんの行き先に、驚きあわてながらも、早朝から晩まで丸一日かけて走りまわり、何とかほとんどの場所を検証しましたが、時間切れでみかん狩りを体験する農園にだけ行くことができませんでした。その先行けそうなのは、介助の人手が手薄になる日曜日の日中しかありませんでした。トッキーはヤマシタと行動するとして、ハルは私と過ごすしかありません。「みかん狩りだったらハルも楽しいかもね。いっちょ、一緒に行ってみようか」と誘い、一緒に出かけることにしました。そこは小さな駅からタクシーに乗り込み数十分というかなり行きにくい場所でしたが、そもそも旅や未知の場所に行くことが好きなハルは終始とても楽しそうでしたし、行き当たりばったりの珍道中も、運転免許がない家庭で育ち、バリアフリー法以前の不十分で不便な環境のころから公共交通をバリバリ使ってきたおかげで、「いつものこと」と全く苦にならない様子でした。

現地に着くと、まず（トッキーたちは全行程バスを利用するので）駐車場からみかん狩り農園までの道の状態をチェックし、多目的トイレの場所やユニバーサルシートの有無を確認。チケットを買って係の人に「もぎかた」を教わって、いよいよみかん狩り。地面にはわらが敷き詰められていました。砂や磯、砂利道なら経験があるのでどう対処したらいいか、いつも使っている車いすを使えるか、アウトドア用の車いすを使うべきか、など判断できますが、わら敷きは初めて出くわした道でした。ハルとともに進むと、少しでこぼこはありますが平坦な土の道と同じように、でこぼこの部分をウィリーで乗り越えればそうストレスなく進めることが分かりました。また、ハルが車いすに座った位置からみかんの果実に手を伸ばす様子、移動しているとき他に訪れていた人たちとすれちがう様子を実際に見ることで、みかんの木は背が低いこと、木と木の間も車いすのまま進むのに十分に空いていることなども、しっかり分かりました。

その場で五個近くのみかんを平らげ、かごいっぱいにみかんを収穫し、たっぷりと楽しんで大満足の帰路、その日の「バリアフリー実踏」のクオリティがこれまでになく高かったことに気づきました。他でもない、車いすユーザーのハルが「実際に踏」まなければ得られなかった情報が多かったこと、ハルと行動しなければ気が回らなかったところにも注意がいったことが、その理由であることは明らかでした。突然、天から降ってきたようにとてもいいアイデアが浮かびました。

このボランティア活動、ハルがやってみない？　冒険探検は、ハルが好きなことだし、トッキーみたいに車いすを使っている子やいろんな子のいる学校のために絶対、役立つよ！

興奮してハルに話すと、ハルはニコニコしたまま即座に私の手の上に自分の手を載せて軽く握ってきました。ハルにとって（不確かさはあるけれど）現状で最もはっきりしたコミュニケーションである、「Yes」を表わす動作でした。「じゃあ卒業したら活動開始ね。とにかくやってみようよ。約束だよ」。何度も何度もハルの「Yes」を確認しながら、長い帰り道があっという間に感じられました。

千人力の相棒を得た気持ちで、このボランティア活動に「われら実踏調査団ポルトドス」と名づけました。ポルトドス（Por Todos）とは、スペイン語で「万人のための」という意味です。「万人のための学校（インクルーシブ教育）」について初めて国際的に提案された「サラマンカ宣言」からとった言葉、サラマンカがあるスペインの言葉です。

影響が三世代に及ぶほど長い間、ごくありふれた普通の公立小学校は障害のない子どもに特化された環境であり続けてきました。障害のある子・人は「手に負えるものではないので専門家にまかせるように」とされ徹底して排除されてしまったせいで、今ではすっかり未知で特殊な存在になってしまったのです。このような不利な状況から、すべての学校が「万人のための学校」に生まれ変わろうと努力を始めている今、この環境を最も励ますことができるのは「障害像の理解推進」「専門家の介入」「人員の配置」などではありません。他でもない当事者（と、共に暮らしてきた家族や友人・支援者）ではないでしょうか。経験や違った視点、感じてきたことなどを生かし、ボランティアとして環境に期待し、環境を励ますのです。「バリアフリー実踏」は「遠足や体験授業など校外活動」に限定した、全体から見ればささいな活動ですが、その場限りの援助ではない、何かとても有機的で広がりのある行動になっている気がします。

以来ハルは、（介助者がどうしても手配できなかったとき以外）ほとんどの活動に同行していきます。トッキーの他に、ちょうどハルの卒業と同時に隣の○区で新一年生になった男の子という新しいクライアントも得ることになりました。

卒後施設の見学

卒後に「用意されている」福祉的就労や日中活動のための通所施設も調べると、利用は軒並み一八歳以上となっています。義務教育は中学校までなのに、「障害の重い人は必ず高等部に進学する」ということが「前提」になっているのです。また、これら施設は、特別支援教育さながら障害種別に用意されており、判定された障害にふさわしい行き先に行くシステムになっていることも改めて知りました。「それがあなたにとってよい教育」だと信じて行っている人がいても（事実はそうでないにしても）驚きませんが、一成人に「障害種別に用意されたところで過ごすのがあなたにとってよい生活」だと断じて行き先を事実上、本人の意思とは関係なく勝手に決めることはあまりに乱暴な行いです。この人権感覚の欠如はどうしたら正すことができるのでしょうか。やはり「人間の証明」からしなくてはいけないのか。

人間の証明。ハルやトッキーは、人間の子どもであるから人間である。だからして人間として同じ人権をもつ。いつ社会に出てどこに行き、誰と過ごすかを自分で決める権利がある。

……

それでも学校に頼み、高校三年生の保護者に混じって、ヤマシタと二つの「通所施設」を見学することにしました。

一つは、他区のリサイクル業を請け負っているところで、集められた缶を一日中、洗ったりつぶしたり、分けたりする作業をしているということでした。引き延ばされた時間で、いる人は皆うんざりした表情でうながされながらやっと作業をしていました。ボイコットすれば「問題行動」とみなされ、説教をされるか、あやされて作業にもどされます。聞けば、集められる缶も、自治体や企業から委託されているわけではなく、安定した作業を生むために利用者の家族や職員が集めて持ち寄っているのだといいます。目的のない作業のための作業。一人の人が泣き顔で「帰りたい」と言って突然見学者に抱きついてきました。「〇〇ちゃん、いつもこうなんだから。見学の人が来ると、お出かけできると思っちゃうんですよね」と優しく微笑みながら職員が、見学者からその人を引っぺがしました。

誰が、何の権利があって、この人たちが「ここにふさわしい」と決めることができるのだろう。なぜ誰も「どうしてそう思うの」と尋ねないんだろう。

二カ所目はM区で最も伝統のある「肢体不自由・重複障害者用」の生活介護を目的とした通所施設でした。最も設立が早いとはいえ、建物はすべて改装されており設備に問題はありません。しかし、案内係に渡されたフルカラーで分厚い紙を三つ折りにした立派なパンフレットを見てがっかりしました。そこには「日課」として「時間割」が書かれていたのです。「バス到着」「検温」「朝の会」……など一時間刻みで、こと細かにこれまでどっぷりつかってきた特別支援教育でおなじみの言葉が細かく並んでいます。しかも、「障害程度」により二つのグループに分けられており、曜日によって「創作活動」「外出活動」「生産活動」などやることが決められています。ここは子どもが過ごす場所でも学校でもありません。六四歳[82]以下の大人が、過ごす場です。

生まれてからできるだけ早く（場合によっては生まれる前から）、シャバとは別にたった一本引かれた「《重い》障害のある人コース」の線路の列車に乗せられる。その列車の終着駅は死。

82

その中で管理され死ぬまで同じことをくり返す人生を送る仕組みになっている。

……ここを訪れたとき、はっきりと分かりました。一五年間も（いえ延べ年数にしたら二五年間も）障害のある家族と共に生きてきて、ようやくはっきりと気づいたのです。終着駅は、死ぬときだと。他律のままに。まさしく「ゆりかごから墓場まで」です。

ここでもまた、悲壮な顔つきで三十代くらいの女性がヨロヨロと見学者にかけより「帰りたい、帰りたいよう」とすがりついてきました。そして前に見学した施設と全く同じように、優しく微笑んだ職員に、その理由を聞くでもなく黙って引きはがされ、なだめられて、他の皆のいる場所に戻されて行きました。そこでは「音楽の時間」として幼児番組のＤＶＤをかけ、利用している人は皆そのモニターのほうに車いすを向けられ固定されていました。皆一様に呆然とした顔つきでおとなしくされるがままになっており、その周りで職員たちが、タンバリンや鈴を鳴らしながら、小躍りして歌っています。

一緒に見学した保護者の「ここなら手厚くて安心ね」という感想を、信じられない気持ちで聞いて別れたあと、私とヤマシタは久しぶりに一緒に立ち寄った食事の際に話しました。

一六だろうが一八だろうがね、私らが死んだあとだろうが、あんな場所でハルが過ごすことは考えられない。ハルは「よきに計らえ」と受け入れてしまうかもしれない。でも私が、我慢できない。今まで例えば、たけのこ学級の問題のときも「この学級をよくしよう」と動いたし、少なくともハルが中学に入るまでは何かにつけそういうスタンスできた。でも、はっきり分かった。いい戦争がないのと同じでいい施設なんかありえないんだよ。

ヤマシタが私と同じような印象を受けていたのを確認し、ホッと安心しました。かといってハルが卒業後、いや死ぬまでどこでどう暮らすのか、私たちには具体的な像を結ぶことは全くできませんでした。

でも待てよ。それは私たち親が考え用意してやるべきものだろうか。施設じゃないところだとして、「どこに行ってどう過ごす」日程表を私がいつまでも提供することは、そう変わらないではないか。もしそれを考えてやらないことが「保護者義務遺棄罪」になるという現状があるとしたら、いっそ皆成人する二〇歳になったら、こちらから保護者を辞める手続きをして、ハルを手放すべきなのかもしれない。いやいや、その結果、ハルが施設に入所するとしたら本末転倒だ。

考えは堂々巡り。「まあまだハルは成人してないんだし、いろいろ利用できる制度が変わる一八歳にもなってない。あとわずか数年のことだけど……」と、結論とは言えない結論を見出し、それまでは週間のパターンを私が決めることになりました。

ハルの卒業後のプランを立てる

卒業後の生活パターンを組んでみました。

まずフリースペース。週一回通ってみて半年、特にこれといって大きな問題はなさそうなので、ここをメインにすえて週三日。あとはそれまでも毎週通っていたプールに行く日。残りの一日は「ポルトドス」の活動日にしました。私が世話人として同行し、「公共に行き尽くす、使い尽くす」というテーマでフィールドワークをすることにしたのです。その表を持ってレギュラーで依頼できる介助者を確保するためコニーに相談し、半年後からのことを考えて、人員の状況を確認し必要な求人をしてもらいました。また、既にM区からは「財政危機が続いているため、支給量増は無理」と上限を切られていましたから、自治体がまかなえない分は自腹で介助料を支払うことが恒常的になることは必至でした。この「足りなくなる時間数」の予測もして、四月に備えなくてはなりませんでした。また、コニーには「こう決めてあるけどね、ハルが行きたくないときは行き先を変えてもいいし……もしハルが望みを伝えるようになればとてもいいと思ってるんで。なるべく強制せずフレキシブルにという原則で。私（親）の許可や指示はいらない。ただ未成年だからね、行き先をメールで教えてくれればいいから」と頼みました。

本人の成り行きにまかせる。……不安だけど、よくよく考えれば、この不安はすべての親が、その子どもが巣立つ準備をするとき、抱くものじゃあないか。……そう考えて腹をくくりました。またここでも、共に暮らしてきたご近所・親仲間のおかげで育んでこられた「共感力」が私を後押ししてくれました。

トッキーの一〇歳記念旅行

秋も深まり、トッキーの一〇歳のバースデーが近づいていました。こちらのほうがソワソワして、一年前の誕生日から「ねえ、来年は十年に一度のビッグな誕生日だよ。どうやって過ごしたい？」とリクエストを聞いていました。

トッキーはいわゆる「乗り鉄」ですが、ふだんはがぜん在来線のファンで、新幹線や特急列車などにはあまり興味がありません。しかし旅行会社に置いてあった豪華寝台列車「カシオペア」のチラシを見つけてきて「これだ！」ということになりました。運行数が限られているため、旅行会社であっても「席を取れました」と約束はできないそうで、一カ月前朝の発売開始時刻に電話をかけての争奪戦、ということで直前まで予定がはっきり定まらずどきどきしましたが、無事に予約成功。実際に乗ってみると、部屋までのアクセスに急な階段がある構造であるため車内探検やレストラン利用を断念したり、ちょっと調査不足が悔やまれましたが、トッキーは部屋の様子や訪れた売り子さんとのやりとりを十分に楽しんでいました。

夜、子どもたちが眠ったあと、別室で原発事故以来ほとんど初めてヤマシタと長話をしました。ワインを何本も空けて「何もかも変わってしまった」「今までコツコツ積み上げてきた何かが台無しになった」「何もかもいやになった」……と嘆き合いました。またここ半年余ですっかり嫌気がさした自分の無知についても打ち明けました。「何しろ神戸の震災のときも、新潟のときも、全く《原発は大丈夫だろうか》なんて思わなかった」。「都市部の自分たちが使っている電気の供給のために、地方が危険を強いられているなんて知らなかった」……それどころか私は、原発の現場は無人で、従事している人は皆安全なコントロールルームからロボットのようなものを遠隔操作して管理している……と思い込んでいたほどのバカです。チェルノブイリのときも「旧ソ連だから起きたことだ。日本の設備は万全だし、民主主義で情報統制もないから事故は起こらない」という何の根拠もない、おざなりな公《おおやけ》の認識を鵜呑みにしてしまったのです。今後二年ほどで勢いを盛り返しそうな優生思想と遺伝医療施策のこと、今後、暮らす場所をどうしたらいいのかについても、とりとめもなく絶望した口調で話し合いました。もちろん結論など出ません。

数時間前停車した福島駅。車窓から見た駅の様子は、驚くべきことに「普段どおり」としか思えないものでした。電車を待つサラリーマン風の人。駅員さん。どこも壊れていない駅舎。そのふだんと変わらない様子が、放射能の恐ろしさをかえって強調しているようで、大人は皆固唾をのんでその様子をみつめていました。かつて黒沢明監督の『夢』に出てきたいかりや長介扮する鬼の台詞しかり、ランキンタクシーのラップ曲の歌詞しかり、「無色透明、匂いもない味もない」、つまり「クリーン」。それこそが放射能の恐ろしさだったのです。感じられない。なんと恐ろしい。

翌日は、何ごともなかったかのように札幌の街を楽しく観光し、みそラーメンを食べ、温泉につかり、翌々日の誕生日当日は、ハンバーガーショップに頼んでおいた、直径二〇センチの巨大ハンバーガーにろうそくを立ててお祝いしました。トッキーが「美味い！」とほおばる顔を見ながら、気をしっかりもたなくちゃ、生きなくちゃ、……と、結んでも、結んでもちぎれるボロボロの心の糸を必死で結わき続けていました。

さようなら分離（と統合）教育

明光特別支援学校の年度終わりの保護者面談で「三年生でも交流を希望されますか？」としつこく聞かれました。なぜそのような尋ね方をするのか問うと、担任の教員が「実は、中学校三年生で副籍交流を希望する、と相手校に言いづらいものがあります。先方は受験などで大変な時期です。普通は中学三年生になってまで副籍交流をする生徒はなく遠慮してくださいます」と言われました。私はヤマシタと相談し「遠慮する気はありません」と告げました。もうどうでもいいという気持ちが強かったのですが、少し意地になっていたのかもしれません。

かくして、年度初めの三年生での副籍交流についての三者での話し合いの場がもたれましたが、そこで「相手校」が開口一番言ったことは、「三年生になれば学科の授業は（受験などある大事な年で生徒たちの迷惑になるので）勘弁してほしい」という台詞でした。

さて、こんなふうに書いてくると「もっと副籍制度を障害のある児童にとって充実したものにしてくれ」と、特別支援教育が始まって以来センター機能として、年々強権を増してきた都教育委員会と都が運営する明光特別支援学校に要望し、ハルの副籍相手校とその運営主たるM区に「抗議」だの「厳重な指導」だのをしてくれと望んでいるように思われてしまいそうですが、私がこれを伝えようとする目的はそんなことではありません。

副籍授業の最終日。中学校にこう書面でお願いするつもりでした。「副籍事業は、わが校にとっては過度な負担であった、無理があった、こんな支障があった、誰のためにもならなかった、ということをしっかり報告してください」と。結局その書面は出しませんでした。同行した介助者から「最終回でしたが、《今日でハルコさんとお別れです》といった生徒への説明やあいさつは何もなく、先生が歩み寄って《お元気でね》と言ってくれるでもなく、いつものようにこちらから《さようなら》と言って別れた……」という話を聞いて、行動する気が失せたのです。たとえ勇気をもって「全然だめだった」と報告したところで検証なんかない。どうせ「ハルの障害の重さ」だけがうまくいかなかった理由とされてしまうのは明白でしたから。

ハルが体験した「副籍」は、私にとっては、障害児教育・療育へ寄せた正真正銘、最後の期待でした。くり返しますが、「統合教育」は「分離教育」の副産物に過ぎません。「分けること」が消滅すれば「それを無理矢理くっつけること」も消えるのです。「統合教育をよくしよう」という努力は「分離教育の存続」を心密かに望むことと変わりありません。ハルが中学校を卒業してからは、私は「統合教育」「統合社会」のために努力することをキッパリやめました。

望むのは、誰もが共に学ぶ学校、そして生まれてから死ぬまで誰も分け隔てられない一つの社会、です。

屈辱の二月八日

「なにっウソでしょ！　ばかやろう」……二月の最初の週末、新聞の小さな記事を見て叫びました。障害者自立支援法に替わる新法について厚生労働省案が示されたという記事でしたが、その内容が、障がい者制度改革推進会議（以下、推進会議）から八月に提出された「自立支援法に替わる新法についての骨格提言」の内容を全く反映しないまま、ほぼ「自立支援法」にわずかな改訂を加えたものだというのです。

インターネットで厚労省案を見るとスカスカの行間にぽつぽつ書かれた紙ペラ四枚ぽっち。内容を読む以前にそれだけでバカにされたような気持ちになり頭に血がのぼりました。内容を読むと、要は「そもそも一番問題になっていた応益負担[83]をやめるからいいでしょ」ということらしいのです。札束でほっぺたを叩かれたような屈辱を感じました。矢も盾もたまらず、訴訟団の記者会見に出向こうと申し込みましたが既に定員を超えていて入れず、それから数日後のＪＤＦ（日本障害フォーラム）[84]主催の地域フォーラムへ。

「骨格提言」自体がすごいものだということはもちろん分かっていましたが、推進会議でさまざまな障害のある人・団体の代表などが一堂に会し意見をすり合わせてきたプロセス自体が、いまだかつてなかった大きなことで、当事者に様々な出会いと気づきを生んでいることを、ここで知ることができました。そこでは、それまで私が見聞きしてきたような利害優先の言い争いや、その逆の政治的な予定調和もなく、それぞれがそれぞれの立場のまま、お互いを知り共感する場面に終始したのです。圧倒的な豊かなバリエーションと協働。全くのインクルーシブな場が実現していました。「われわれは障害種で二度と分断されない」と、アピール文[85]で誓われたとき、感

83　84　85

極まって涙がこぼれました。既に国会に上程されるまであと半月ほどという時期であり、状況は絶望的でしたが、この場が、決して政府の暴挙に抗おうとする今だけの限定的なはかないものではないと信じたい気持ちでいっぱいでした。

国連の特別委員会で、障害者権利条約策定にかかわった様々な国際障害者団体の間で謳われた合言葉、「私たち抜きで私たちのことを決めるな（Nothing about us, Without us !）」。この国では、障害があろうがなかろうが、原発事故以来、様々な場面で、こう叫ぶ人が増え続けています。大きすぎる代償をともなって、それでも私たちは「共感」という力を、生きるための最大の力を得やすくなったのかもしれません。

ハル、《特別に支援された》義務教育を修了する

三月半ば、個人事業確定申告の締め切りギリギリに税務署に行き、ホッとひと息ついた翌日未明、やり残した仕事を深夜にしている最中に、下腹部に引きつったような軽い痛みを感じました。「また食事をかっこんだとき、空気でも溜まったのかな」と気にしていませんでしたが、どんどん痛みが増してきて、座っていられないほどになりました。横になりながら何とかあとレポートを書くだけ、というところまでやると、もはや痛み出したら動けないほどになり、そのままの姿勢で夜を明かしました。

朝、起き出したヤマシタに状況を告げ、子どもたちが学校に出かけたあと、病院へ。検査・診察の結果「大腸憩室炎」だと分かりました。大腸に雑菌が溜まり炎症を起こして放っておくと腸

に穴が空いて腹膜炎になる、いわば虫垂炎の大腸版です。入院を勧められましたが、その翌週にはハルの卒業式が控えていました。医師にそのことを相談すると「そうですか。正直に言って、ひとたび入院すると退院の日を調整するのは難しくなるんですよね。では在宅療養で」ということになりました。炎症はまだ抗生物質の投薬で治まる程度で外科手術は必要ないこと、これから痛みが増してくるであろうこと、炎症が治まるまでおおむね二週間は絶食し水以外はとらないこと、など指示を受け一週間分の薬をもらって、やっとのことで家に戻りました。

畳の部屋の一角に布団を敷いたまま文字通り寝込み、痛みのあまり絶句し七転八倒している間、ヤマシタはハルとトッキーの介助者を手配し、家事をこなし、いつもと変わらない生活を守ってくれました。日々の分刻みの休みないカツカツの生活の中で、久しくヤマシタとは、お互いイライラしたり悪態をついたりするばかりの間柄でしたが、この時は「連れ合いがこの人でよかった」と、すっかり忘れていたこの人物への感心と感謝の気持ちを思い出しました。

自分を一番落ち込ませたのは、引き受けた仕事を途中で投げ出してしまったことです。そんなことをしでかしたのは初めてでした。実はこの半年前ハルの卒業後の生活プランを立てていた時点で既に、四月からはもはや仕事を引き受けるのは難しいかもしれないと思い、またこの一年、仕事をするときの集中力や処理能力の低下が歴然としてきたこともあり、引退を申し出ていたものの、クライアントが「いまより負担の少ない仕事で細々とでもいいから続けてよ」と言ってくださっていた矢先のことでしたので余計にこたえました。

一週間後、ようやく痛みが治さまって床上げした翌日がハルの卒業式でした。まだ絶食期間中でふらふらしながら、式とお別れ会が終わって、ハルと一緒に校舎を出たとたん「これで自由だ！」という言葉が口をついて出てきました。「これで自由だよ！　ハル、フリーダムだ！」……「自由」という言葉がどうにも止まらなくなり、自分の気持ちを確認するように、またハルに「あんた、感じてる？　自由なんだよ」と念を押すように、くり返してしまいました。ハルは、ニコニコと晴れやかに笑っていますが、本当のところどう思っていたのでしょう。

ハル、今、私と一緒に、暴走する列車から飛び降りたんだよ。全身を強く打って傷だらけ、その痛みを感じている？　あまり思いがけないことで、まだ気づいていない？　これから傷だらけの体で、あてもなくさまようよ。私もお父さんも地図さえもってないから。結局、音《ね》をあげて、次の停車駅まで、とぼとぼ歩くことになるのかもしれないし。

……夕食のときになっても止まらなかった、少しヒステリックな「自由だっ」という叫びとともに特別に支援された義務教育の最後の日がやっと終わりました。

そのままの姿で生きられる社会に

ハルの新生活がスタートした春。千通を超える署名を届けたにもかかわらず、大根小のエレベータ設置要望はあっさりとしりぞけられ、結局トッキーのいる学年は卒業まで二階に固定される対応（この後二年間は、新入生は三階からのスタートになる）を仕方なく受け入れて、トッキーは高学年生活をスタートさせました。

それまで期待を寄せられてきた新政権の首相が、大災害と原発事故の対応が至らなかった、と徹底的にバッシングされて失脚し、トップが入れ替わってからというもの、死臭が漂うような陰鬱な提言や施策が次々と現れました。

四月にまき起こった「生活保護バッシング」[86]。六月には抗議の声むなしく厚労省案による新法「障害者総合支援法」があっさり可決・成立し、翌年四月から実施されました。七月には水俣病被害者救済特措法にもとづく救済策の申請の受け付けが唐突に打ち切り。九月には聞き慣れない「浮浪罪[87]」という「働けるのに働かない」罪で逮捕者が出ました。そして同じ月に、「ハイリスクの高齢妊婦対象に、血液検査だけで胎児にダウン症などの障害があるか分かる、より精度が高い」新しい出生前診断[88]が輸入され、あからさまな「生命の選別」目的をもって迷いもなくあっという間に翌年からの実施が決定されました。さらに翌月には、五年ほど前に超党派の検討委員会が発足した「尊厳死法案[89]」の上程の動きが一気に活発化しました。すべて「人殺し」のための下準備としか思えません。

この国は、国民を「生きる価値のある人間」と「死んでいい人間」という二種類のかごに振り分け、「死んでいい人間」をたくみに利用するため「死にたくなるような状態で生かしておいてやる」ことに執心し始めたのでしょうか。後者のかごに家族と自分を放り込まれた私は、それでももう一方に選ばれるよりマシな人生だ、と感じています。「生きる価値のある人間」のかごに

86　87　88　89

入れられた人は、それに気づくことも感じることさえも奪われるからです。そんな人生に逆戻りするのはまっぴらです。

人々の生気を奪いこの社会を停滞させるのは、「バリエーション（変化、変種・異種）の否定」です。バリエーションを否定する態度に代表されるものに、近代に生まれ、先の世界大戦後しばらくたつまで現代の社会をつくる基準となってきた優生思想があります。植民地政策やレイシズムに代表される「分類し優劣をつけ（時には積極的に一つのカテゴリーを抹殺せしめ）る」という思想です。

金を貯めないこと、自家用車を持たないこと、家や土地を金で買わないこと、住むところをもたないこと、伴侶をもたないこと、子どもをもたないこと、性的マイノリティであること、言いたくないことを言わされないこと、利害を守るため倫理に反する行動をとることを拒否すること、文化を大切に思うこと、障害があること、そして今とりとめもなく挙げたこれらのことと真逆のこと……これらは、是非を問うべきものでは決してなく、れっきとしたリアルな個のバリエーションであり、その生《き》のままのバリエーションが共存することは、この社会の停滞を打破し軌道修正する力を人々が手にするために必要なものです。

社会が、これらのバリエーションを守り失わないためにはどうしたらいいのでしょう。単純なことです。貧乏でも、障害があっても、就職していなくても、独身でも、子だくさんでも、……どんな状況でもどんな信条をもった人でもありのままの個を尊重されたまま（無理に分かり合ったり、好き合ったりする必要は断じてない！）それによって不利益が生じず、対等に、共に生きられる方法を模索し、仕組みづくりをすればよいのです。

フーテンの寅さんを指していう「どうしようもない自分」というのは「望んでなったのではない」というマイナスのニュアンスでとらえられることが多いけれど、同時に「ありのままの、当たり前の自分」なのではないでしょうか。「否定されても、バカにされても、死んでいい人間のかごに入れられてさえ、こんな自分の状況に誇りをもってしまうほどのどうしようもなく強い美意識と自己肯定」とも受け取れないでしょうか。

そのままの姿で一つの社会に多様に生きる

私は過去と今を生きるものとして、この国のみならずこの世界全体に私たちがまき散らした負の遺産の後始末を、ハルやトッキーたちとこれから生まれてくる未来を生きる人たちの知恵と行動に託さなくてはなりません。その時、せめてインクルーシブでバリエーションを保障された環境、万人の個が認められ互いに結合しながら、のびやかに無限の可能性を切り開いていきやすく生まれ変わった社会を提供し、その苦難を少しでも解消したいと願ってやみません。

今や、万人のための学校、インクルーシブな社会は、もはや「こうだったらいいのに」という願望ではなく、現実に最も必要とされる社会像なのです。

あとがき〜猿が、木から、落ちた

猿はいつ、人になったか。

私と同世代の映画好きの人なら『二〇〇一年宇宙の旅』で、猿が動物の骨を道具として使えることに気づき、興奮して空に投げたそれが宇宙船になるという名場面を思い浮かべるでしょう。あるいは、ダーウィンの進化論の挿絵——よく博物館に描かれているお定まりの、四つ足の猿が次第に二足歩行の原人になる図？

後に文字のもとになる、洞窟の壁画を描いたその日から？

言葉の発達？

今から七百万年前、それまで木の上で暮らしていた猿が、サバンナに下り、当時の環境の変化に対応するべく二足歩行の動作が発達し、やがて空いた前足で道具を作るようになり、器用に動くようになった前足が手となった。これが人類の始まりだというのが学校で習う定説です。

では、なぜ猿は、木の上から草原に下りたのでしょう。

地球規模の気象の変化により、木の上の食料が枯渇しだし、暮らしていけなくなって、未知の地上（下界）に降りていったらしい……というのが今のところ一番有力なイメージになっています。

しかし、果たして、そうなのでしょうか。劇的に「こうしよう」というアイデアが世界中の猿たちの間に広まり、はっきりとした意志をもって、サバンナに下りたのでしょうか。

私の頭の中に、実際に見たような鮮明な絵音をともなって現れる「イメージ」は、こうです。

木から（母猿の胸から）落ちる新生児猿。それをあきらめ移動を再開する群れ。はるか下界から恐怖の叫びをあげる新生児猿の鳴き声が響いてくる。一匹の猿だけが前を向かず、ふと声のありかを追って木を下りる。

人類が生まれた最初のきっかけは、生まれつき握力が弱く母猿にしがみつけない障害のある猿が、生まれて間もなく木からサバンナに「落ちた」ことだと思えて仕方がないのです。

獣の世界ですから、何千・何百という身体障害のある赤ちゃん猿が母猿の胸や木の枝からサバンナに落ち、運良くケガがなく助かったとしても、あっという間に肉食獣に捕食されてしまったと思います。
　そうした長い年月の中で、環境の変化からくる恒常的な食料難の頃になって、ある、他の猿とは認知処理の方法が異なり、群れの中でも変わり者であった発達障害のある猿が、身体障害のある赤ちゃん猿が転落したサバンナをふと見て、酔狂にも「あそこには食料があるかもしれない」と誰にも考えつかないことを思いつき、危険を顧みず、追いかけて下りていって、全く動けない赤ちゃん猿を前足で抱えて何とか洞窟にたどり着き、世話をし、やがて子孫をつくっていった。前足は次第に赤ちゃん猿を抱えるための腕となり、二足歩行が始まった……。こんなストーリーが始まりではないかと思えてならないのです。

　すべての人間の赤ん坊が、生まれてから半年近くわずかな身動きもままならず、一年以上も素早く動くことができないことを、ふと「(野生では)普通じゃありえない……」不思議に思ったことのある人は少なくないと思います。それに、オリンピック競技を見れば分かりますが、世界最高峰の運動能力をもつと言われる選手たちの走る速度や、跳べる高さも野生の世界では度を超したのろまに属することが分かります。そんな野生の世界においては、種の継続どころか、生存もままならない人類という種が、なぜ、こんなに力強い存在になったかは、皆さん、ご存知のとおりです。

　人間はいつ、なぜ猿から人間になったのか。

そんな人類の始まりの場面に思いをはせながら、高らかに宣言したいのです。「インクルージョンは、そもそも人類にとって必然のシナリオだ」と。

謝辞

「責めたり文句言ったり。反感買って誰も見向いてくれないかも……」と何度も迷う私に「私も恋愛遍歴を描いた本を出したとき《なんとふしだらな》と思われ、もう男性は近づいてこないと覚悟したけど、偉丈はそれを読んで私に会いに来てくれたのよ。だから大丈夫」と励ましてくれた安積遊歩さん。

独りよがりの独りごとの羅列のような文章を引き受け大切に読んで下さり、私以上に理解して（その超・読解力はもう読心力と呼びたい）読みやすいものにして下さった現代書館の小林律子さん。

お二人の〝スゲー〟がなかったら、この本を仕上げることは不可能でした。

そして連れ合いの山下泰司を筆頭に、同時代・同じ場所に生きてきた人たち。皆さんとの出会いが一つでもなければ、このストーリーは生まれませんでした。

心からご縁に感謝しています。ありがとうございます！

平成二十八（二〇一六）年五月

柴田靖子

柴田靖子（しばた・やすこ）

昭和三十九（一九六四）年生まれ。娘の誕生・治療をきっかけに連れ合いが設立した日本水頭症協会で刊行物『ぱどる文庫』の編集を担当。障害のある子のいる学級の校外学習のためバリアフリー実踏調査を行う「われら実踏調査団ポルトドス」（休止中）世話人。

ビバ！ インクルージョン
――私《わたし》が療育《りょういく》・特別《とくべつ》支援教育《しえんきょういく》の伝道師《でんどうし》にならなかったワケ

二〇一六年五月三十日　第一版第一刷発行

著　者　柴田靖子
発行者　菊地泰博
発行所　株式会社現代書館
東京都千代田区飯田橋三─二─五
郵便番号　102─0072
電　話　03（3221）1321
FAX　03（3262）5906
振　替　00120─3─83725
組　版　具羅夢
印刷所　平河工業社（本文）
東光印刷所（カバー）
製本所　越後堂製本
装　幀　100％ORANGE

校正協力・西川亘

ISBN978-4-7684-3548-9
定価はカバーに表示してあります。乱丁・落丁本はおとりかえいたします。
http://www.gendaishokan.co.jp/

活字で利用できない方のための
テキストデータ請求券
『ビバ！ インクルージョン』